꿈을
이루는
독서법

YUME WO KANAERU DOKUSHOJUTSU
by Makoto ITO

꿈을
이루는
독서법

— 이토 마코토 지음 — 김한결 옮김 —

샘터

책은 더럽힌 만큼 자기 것이 된다

책을 더럽히면 꿈을 이룰 수 있다.

이것은 내 경험이다.

나는 사법시험과 공무원시험 등 국가시험을 목표로 삼은 사람들을 위한 수험 지도 학교 '이토학원'을 운영하고 있다. 이토학원은 올해(2017년)로 설립 22년째를 맞았다. 최근에는 국정선거의 '일인일표 실현 소송'과 '안보법제 위헌 소송'의 원고 측 소송대리인으로도 참여하고 있다. 따라서 매일 일과 공부를 위해 많은 책을 읽는다.

학원생들이 최상으로 이해하기 쉽게 수업하려면, 법률 자체는 물론이고 시중에 나온 교과서와 참고서부터 다양한 논문까지 숙독한 뒤 스스로 핵심을 파악해 전달해야 한다.

　또한 법률은 수년에 한 번 개정되는데 그때마다 당연히 개정된 법률을 꼼꼼히 읽는다. 재판이 진행돼 새로운 판례가 나오면, 학설을 읽고 비교하며 최신 잡지와 신문도 확인한다.

　사법시험을 목표로 공부하던 학창 시절에는 하루 10시간 이상 필사적으로 교과서와 참고서를 읽었다.

　어쨌든 나는 읽고 또 읽었고, 지금도 계속 읽고 있다. 단순히 눈으로 훑는 것이 아니라 핵심을 파악해 수업과 논문 등에 활용할 수 있도록 읽는다.

　이것을 지금까지 쭉 실천해오고 있다.

　나에게 책이란 생각하기 위한 소재다. 책을 읽으면서 깊이 생각하고 의견을 확립한다. 자신의 꿈을 발견하거나 구체화하기도 한다.

책은 소재라서 그 자체로는 재료에 불과하므로 활용하지 않으면 의미가 없다. 그래서 나는 학원생들에게 "책을 자꾸만 더럽히세요" 하고 말한다.

교재를 깨끗이 보는 사람이 과연 사법시험에 합격할 수 있을까?

공부하면 할수록 교재는 자연히 더러워지고 빨간 줄과 형광펜이 그어져 손때 묻은 물건이 된다. 교재 외의 책도 저자와 대화하고, 메모와 의견을 적어 넣으며 고민할 때, 비로소 읽는 사람의 생각도 명료해진다.

그렇게 해야 책이 자기 것이 된다. 책은 더럽히면 더럽힌 만큼 자기 것이 된다.

합격하는 사람은 책을 많이 읽는다

이토학원은 해마다 사법시험에서 많은 합격자를 배출하고 있다. 그런데 **합격하는 사람은 모두 책을 많이 읽는**

다는 공통점이 있다.

내가 몸담고 있는 법조계는 읽고 쓰는 능력이 매우 중요하다. 평소 책을 많이 읽어 활자에 익숙한 사람이 합격에 유리한 것은 당연하다.

새로 들어오는 학원생들에게 "책을 읽으세요. 책이 익숙하지 않다면, 주간지나 블로그라도 좋으니 어쨌든 활자에 익숙해지세요" 하고 입에 침이 마르도록 조언하는 이유도 여기에 있다.

활자에 익숙해지는 습관은 사실 법조계뿐 아니라 모든 사람에게 대단히 중요하다. 그러므로 어른이 되고 사회인이 된 뒤에도 독서는 필수다.

변호사로 일하던 시절에 사건 하나를 맡으면, 읽어야할 서류가 그야말로 서류장의 선반 한 줄을 가득 채웠다. 진술서 등 증거서류와 참고문헌이 산더미처럼 쌓였다.

비교적 단순한 사건이 그 정도였으니, 조금이라도 사건이 복잡해지면 서류장이 몇 개나 필요했다. 재판은 한 사람의 인생이 걸린 중대사이므로 모든 자료를 신중히 읽어야 한다. 따라서 대량의 문서를 읽고 쓰는 과정이 일의 기본이다.

애초에 대부분 일이란 많은 문자를 읽고 쓰는 과정이다. 이메일과 보고서, 자료 등 방대한 활자 정보에서 무엇을 얻고, 그것을 바탕으로 어떻게 판단하고 대처할 것인지 읽고 이해하는 능력이 일의 성패를 좌우한다고 해도 과언이 아니다.

나아가 독서는 모든 공부의 기본이다. 읽기를 소홀히 하면 공부도 일도 제대로 해낼 수 없다.

독서는 살아갈 힘을 단련하는 가장 좋은 수단이다.

재미없는 책은 없다

본래 독서는 개인적인 활동이다.

어려운 책이든 오락적인 책이든 어느 쪽이 더 훌륭하거나 대단하지 않다.

나는 애당초 이 세상에 재미없는 책은 없다고 생각한다. 재미가 없었다면 그때 자신이 재미없다고 느꼈을 뿐, 재미와 흥미는 그 후 자신이 성장하면서 바뀌어간다. 이 세상에 시시한 책은 없고, 문자가 많다고 좋은 책도 아니다.

단 한 줄, 한 문장이라도 자기 마음을 울려 읽기 전보다 자신을 성장하게 했다면 그것이야말로 좋은 책이라고 생각한다.

나는 생각할 소재를 얻으려는 목적으로 책을 읽지만, 때로는 책 속의 세상에 완전히 자신을 내맡긴 채 순수하게 즐기기도 한다. 이러한 책 읽기는 모두 나를 설레게 한다.

사람은 무엇을 위해 사는가 하면, 나는 행복해지기 위해서라고 생각한다. 사람은 무엇을 하든 기본적으로 자신의 설렘과 행복을 추구한다. 그러면 분명 세상의 행복 총량도 늘어날 것이다.

일단 가슴을 펴고 자신을 설레게 하는 책부터 읽어보자.

책을 어떻게 읽고 느낄지는 언제나 누구에게나 자유다. 책은 반드시 무언가 느끼게 해준다. 책 속의 무언가가 심금을 울리면, 그 분야에 흥미를 느끼거나 문제의식을 품거나 행동을 바꾸게 해준다.

이처럼 책을 통해 성장하고 꿈을 이루고 행복해지기 위해서는 어떻게 책을 읽어야 할까?

어떤 책을 적극적으로 고르고 활용하고 공부해야 할까? 어떻게 책을 더럽혀 자기 것으로 만들 수 있을까? 지금부터 이러한 꿈을 이루는 독서법을 소개하려 한다.

이 책이 부디 조금이라도 도움이 되기를 바란다.

목차

머리말

책은 더럽힌 만큼 자기 것이 된다 | 5

합격하는 사람은 책을 많이 읽는다 | 7

재미없는 책은 없다 | 9

1장 꿈을 이루는 책을 선택하는 방법

인생이라는 제한된 시간 동안 어떤 책을 읽을까 | 19

자신과 의견이 다른 저자의 책을 의식해 고른다 | 22

자신과 의견이 같은 저자의 책은 이렇게 읽는다 | 25

자신과 전혀 다른 분야에 있는 저자의 책도 적극적으로 읽는다 | 29

합격 수기가 목표 설정에 도움이 된다 | 32

자신과 같은 꿈을 실현한 사람이 쓴 책을 고르는 방법 | 35

한 분야에서 최고라 불리는 사람이 쓴 책을 읽는다 | 39

당장 도움이 되는 책은 금세 쓸모없어진다 | 43

한 가지 주제의 책을 20~30권 한꺼번에 산다 | 47

두꺼운 책으로 뇌에 부담을 준다 | 51

얇은 입문서를 읽은 뒤 도전해야 할 책 | 54

2장 꿈을 이루는 책을 활용하는 방법

자신의 피와 살이 되도록 철저히 파고든다 | 59

교과서를 철저히 더럽힐 때 주의해 점 | 62

책을 복사해서 가지고 다니는 방법을 추천하는 이유 | 65

책을 주제별로 복사해 보관한다 | 68

볼펜, 메모장, 포스트잇을 꼭 가지고 다닌다 | 71

볼펜과 형광펜을 사용하는 방법 | 75

음독과 자기 지도로 기억에 확실히 남긴다 | 78

책장의 위아래 모서리 접기를 활용하는 방법 | 81

네모를 쳐서 핵심어를 강조한다 | 84

용도를 의식하며 컴퓨터로 정리한다 | 86

책상 위에 가능한 한 책을 많이 펼쳐놓고 생각을 깊게 한다 | 89

주체적으로 책을 읽기 위해 알아둘 점 | 93

3장 꿈을 이루는 책을 공부하는 방법

읽는 데 시간이 걸리는 책에 도전한다 | 99

힘들게 읽은 책은 반드시 자신을 성장하게 한다 | 102

빨리 읽기는 강력한 무기가 된다 | 105

요약하고 추리하며 읽는다 | 108

덩어리 읽기로 전체를 대강 파악한다 | 112

접속사 '그러나'에 주목해 읽는다 | 115

처음부터 순서대로 읽지 않아도 된다 | 118

소제목을 골라 읽으며 단서를 발견한다 | 121

구체적인 예와 주석을 눈여겨본다 | 124

똑같은 책을 반복해 읽으면 무슨 일이 일어날까 | 127

천천히 깊게 파고드는 사람의 공부법 | 131

우수한 사람은 복합 시점을 지니고 있다 | 135

4장 책을 좀 더 제대로 즐기는 방법

자기 방에서 선 채로 책을 읽는다 | 141

독서가 즐거워지는 '홀로 질문하기' | 144

현관에 책을 몇 권씩 올려두는 습관을 들인다 | 148

다양한 장소에서 책과 마주한다 | 151

책 읽는 시간을 특별하게 연출한다 | 154

자기 안의 스위치를 전환하는 의식을 치른다 | 157

책 읽는 시간을 만들기 위해 할 일 | 159

다양한 사람의 감상을 접할 수 있는 독서회에 참석한다 | 162

순식간에 현실에서 도피하게 해줄 책을 준비한다 | 166

꿈을 이루려면 건강하고 튼튼해지자 | 169
자신이 원하는 대로 당당하고 자유롭게 읽는다 | 172

5장 꿈을 이루는 독서

책에서 도움받은 경험이 인생을 가른다 | 179
책의 의미는 '그때의 자신'이 어땠는지에 달렸다 | 182
성공하든 실패하든 우리는 모두 행복하다 | 185
《소크라테스의 변명》이 가르쳐준 삶과 죽음의 의미 | 187
흐르는 눈물을 멈출 수 없었던 한 권의 책 | 190
성장은 자기 안의 무엇이 변하는 것이다 | 195
물질은 유한하나 영혼은 무한하다 | 198
독서는 2차원 정보를 3차원 혹은 4차원 정보로 바꾸는 작업 | 201
정신력을 강하게 단련해 자기 금맥을 찾자 | 205
책은 생각하기 위한 소재다 | 209
인생은 가치 있는 헛된 노력으로 이루어진다 | 212

맺음말 | 217

1장

꿈을 이루는 책을
선택하는 방법

인생이라는 제한된 시간 동안
어떤 (책을) 읽을까

책에는 헤아릴 수 없이 많은 뛰어난 지혜가 담겨 있다. 나는 늘 이렇게 생각했다.

'인생이라는 제한된 시간 동안 책의 힘을 최대한으로 활용하고 싶다.' '자신의 꿈을 이루고 행복해지기 위해 책을 좀 더 제대로 소화하고 싶다.'

그렇다면 이를 위해 어떤 책을 읽어야 할까? 이 장에서는 먼저 책을 선택하는 방법에 관해 알아보려 한다.

기본적으로 자신이 좋아하는 책을 읽어야 한다고 생각한다. 직감적으로 '이거다!' 하고 끌린 책에서 느끼는 감동은 독서에서 아주 중요하다.

혹시 이런 경험이 있지 않은가? 독후감 과제로 받은 책을 끝까지 읽지 못했다거나 꼭 읽어야 할 자료를 앞에 두고도 좀처럼 글자가 눈에 들어오지 않았던 경험 말이다. 혹은 사기는 했는데 왠지 마음이 동하지 않아 읽지 못한 책이 방 한편에 가득 쌓여 있을지도 모른다.

그러나 그것은 자신이 부족해서가 아니다. 그 책과 '궁합'이 맞지 않아서다. 마음이 내키지 않을 때는 읽지 않아도 괜찮다. 나도 자주 그런 경험을 했다.

머리말에서도 언급했듯 애초에 나는 이 세상에 재미없는 책이나 쓸모없는 책은 없다고 생각한다. 현재의 자신이 그렇게 느낄 뿐이다.

나아가 그 책이 재미없다는 사실을 깨닫는 것 자체도 배움이다.

또한, 책은 끝까지 다 읽지 않아도 상관없다.

여러 가지 책을 훑어보다가 '이거다!' 싶은 책이 있으면 읽어내려 간다. 지금 읽지 못해도 언젠가 읽으면 된다. 이 세상에 다양한 의견이 존재한다는 사실을 아는 것만으로 충분하다. 책 읽는 방식은 정해져 있지 않다.

책을 가까이에 두고 바라보다가 문득 읽고 싶다는 생각이 들면, 그때가 바로 읽을 때다. 책의 가능성은 언제나 누구에게나 열려 있다.

자신과 의견이 다른
저자의 책을 의식해 고른다

 책은 생각할 소재 그 자체다. 나에게 책은 자기 생각을 보강하거나 새로운 관점을 배우고, 떠오른 생각을 더 깊이 연구하기 위한 소재다.

 책을 읽으면서 '정말 맞는 말이야.' '조금 다르게 생각할 수도 있지 않을까?' '내 의견은 좀 달라. 왜 이렇게 사고하는 걸까?' 하고 여러 각도에서 궁리해본다. 그리고 자기 생각에 점점 살을 붙여나간다.

그런 의미에서 **자신과 의견이 다른 저자의 책은 세상사를 새로운 관점으로 보거나 자기 생각의 약점을 보완하는 데 큰 도움이 된다.**

나는 유연하게 사고하고 생각의 부족한 부분을 메우기 위해서도 나와 의견이 다른 저자의 책을 적극적으로 읽는다.

조금 전문적인 내용이지만, '헌법 9조(2차 세계대전 이후 미국 주도로 만들어진 이른바 '평화 헌법'으로, 일본의 전력 보유를 금지하고 국가 교전권을 인정하지 않는다)'에 관한 논의를 예로 들어 생각해보자.

한 전문가는 '헌법 9조를 폐지하자'고 강경하게 주장한다. 일본 국민이 진정으로 평화를 수호하려면 일부러라도 헌법 9조를 폐지해야 한다는 견해다. 내 의견과는 정반대지만, 나는 이처럼 생각이 다른 사람이 쓴 책일수록 더 열심히 찾아 읽는다.

또한 원래 보헌파였으나 지금은 현실에 맞춰 헌법을 개정해야 한다고 주장하는 사람이 쓴 책도 읽는다.

그러면 마치 자신이 심포지엄에서 저자들과 토론하고 있는 듯한 착각에 빠진다. '그건 잘못된 생각입니다.' '과연 그렇게 생각할 수도 있겠군요' 하고 책에 이의를 제기하거나 질문하며, 저자와 진지하게 대화하는 감각을 느낀다.

일본을 대표하는 평론가 고바야시 히데오는 저서《독서에 관하여読書について》에서 "독서도 실제 인생처럼 진실한 경험이다"라고 적었다. 이는 참으로 맞는 말로, 저자와 정면으로 마주하고 책을 읽으면 실제로 의견을 주고받는 듯한 반응을 느낄 수 있다.

자신과 의견이 다른 저자의 책을 읽는 일이야말로 새로운 발견을 하거나 깨달음을 얻고, 자기 약점을 파악할 기회가 된다.

자신과 의견이 같은
저자의 책은 이렇게 읽는다

　자신과 의견이 다른 저자의 책은 매사를 다양한 각도
에서 생각하거나 새로운 관점에서 바라보게 하고, 반론을
연구해 자기 생각을 보완하는 데 도움이 된다. 그리고 다
른 한편으로, 자신과 생각이 같은 저자의 책도 읽을 필요
가 있다.

　자신과 같은 생각을 하는 저자가 전문가나 권위 있는
사람 혹은 자신과 다른 처지에 있는 사람이면, 자기 생각

의 근거가 더 **명확해진다.** 또한 '전문가도 이렇게 말했으니, 역시 내 생각이 옳아' 하는 자신감도 생긴다.

자신과 비슷하게 생각하는 저자의 책을 읽으며 '여기는 도움이 될 것 같아.' '여기는 나중에 활용해도 좋겠어' 하는 부분을 메모하거나 표시해두고 자기 의견을 보강하는데 참고할 수도 있다.

얼마 전 나는 뇌과학자 모기 겐이치로 박사의《감동하는 뇌感動する脳》를 읽었다. 신칸센 열차를 타러 갔다가 시나가와역 매점에서 우연히 발견해 '감동'이라는 말에 끌려 충동구매한 책이다.

이 책을 신칸센 열차 안에서 단숨에 다 읽었는데, 내용 중 특히 '이해하기'에 관한 부분이 흥미로웠다. 책에서 모기 박사는 타인을 이해하려면 뇌가 자기 머릿속에 있는 생각을 타인의 생각과 대조하는 과정을 거쳐야 한다고 말한다.

결국 자기 안에 대조할 재료가 많을수록 타인을 더 잘 이해할 수 있다는 것이다.

모기 박사는 "흔히 다양한 경험을 한 사람일수록 타인의 감정을 잘 이해한다고 알려져 있다. 이러한 견해는 뇌과학의 견지에서도 타당하다고 생각한다. 자신이 슬픈 경험을 했으므로 상대의 슬픔을 이해하고, 자신이 아픔을 겪었으므로 상대의 아픔에 공감한다. 이는 과학적으로도 증명된 사실이다"라고 적었다.

책을 많이 읽거나 여러 가지 경험을 하고, 다양한 사람과 대화해 자기 안에 생각할 소재가 풍부한 사람이 매사를 더 정확히 파악한다. 이는 예전부터 내가 해오던 생각과 일치한다.

공교롭게도 모기 박사와 내 생각이 같다는 사실을 발견하고 매우 기뻤다. 앞으로 그런 발언을 할 때 "뇌과학자 모기 박사도 이렇게 말했습니다" 하고 자신 있게 말할 수 있기 때문이다.

이처럼 책을 읽고 자신과 같은 의견을 발견하면 '뭐야, 다 아는 내용이잖아' 하고 건너뛰지 말고, 전문가가 쓴 내용은 저마다 그 자체로 유익하다고 겸허히 받아들인다.

'전문가도 이렇게 말했다'는 예를 제시하면, 상대에게는
새로운 발견이 되고 자신의 발언에도 힘이 실린다.

자신과 전혀 다른 분야에 있는 저자의 책도 적극적으로 읽는다

자신과 생각이 같은지 다른지에 상관없이 다른 분야에 있는 저자의 책도 적극적으로 읽는다.

앞서 말했듯 나는 얼마 전 내 전문 분야와 완전히 다른 뇌과학자 모기 박사의 책을 읽고 다양한 발견을 했다.

예를 들어 이 책에서 모기 박사는 감동하는 뇌를 만들려면 뇌에 공백 부분이 있어야 한다고 했다. 노벨상 수상자는 모두 엄청난 양의 연구를 거듭하지만, 머릿속을 온

종일 자기 연구에 관한 생각으로 채우는 것이 아니라 생각에 약간의 빈틈을 만든다는 것이다.

이 책을 읽은 날 새벽 두세 시쯤에 우연히 하늘에 뜬 달을 보았다. 도쿄 밤하늘에 조금 이지러진 모양의 보름달이 두둥실 떠 눈부시게 빛나고 있었다.

그 순간 '도쿄에서도 이렇게 예쁜 달을 볼 수 있다니!' 하고 깊이 감동했다. 시간으로 치면 1~2분도 되지 않았지만, 하던 일을 모두 잊고 달을 보던 잠깐의 시간은 감동으로 가득 찼다.

나로서는 모기 박사의 책을 읽지 않았다면 느끼지 못했을 순간이었다. 때로 자신과 전혀 다른 분야에 있는 저자의 책을 읽는 것도 탁월한 선택임을 절실히 느꼈다.

빈틈은 마음의 여백을 만들고, 거기에는 생각지도 못했던 놀라움과 발견, 감동이 불현듯 파고든다.

또한 그의 책을 읽으면서 인간의 본질이란 차원에서 서로가 같은 목표를 보고 있다고 느꼈다. 저자는 뇌과학의 견지에서 인간의 본질은 다양성이라고 말하고 있다. 나도 헌법을 통해 인간의 다양성을 존중하는 일이 얼마나 중요한지 깨닫고 있다.

접근 방식이 달라도 결국 같은 본질에 도달한다는 깨달음은 다른 분야에 있는 저자의 책을 읽었기 때문에 얻은 큰 수확이다.

이처럼 매점에서 충동구매한 책에서조차 배울 점은 있다. 독서는 많든 적든 인간을 성장하게 하며, 어떤 식으로든 진리로 이끈다고 느꼈다. 나에게 큰 자신감을 주는 경험이었다.

합격 수기가
목표 설정에 도움이 된다

 꿈을 이루려면 먼저 목표 설정이 중요하다.

 목표가 명확하지 않으면, 어디를 향해 가야 할지 알 수 없다. 무작정 달려 나갔다가는 도중에 기진맥진해 포기하거나 시간이 흘러도 목표에 도달하지 못한다.

 이토학원에서는 처음 들어온 학원생에게 선배들의 합격 수기를 읽도록 권한다. 목표를 명확하게 하기 위함이다.

 '언제 무엇을 어떻게 공부했는가.' 합격자가 도달한 최종 목적지에서 거슬러 가면서 그 노하우를 깨닫는 것은 목표를 설정하는 확실한 방법이다. 이는 합격을 목표로 공부하는 사람에게 매우 실천적이고 효과적이다.

그러나 합격 수기를 읽을 때 반드시 기억해야 할 주의사항이 있다. 합격 수기는 타인의 체험이라는 점이다.

수기를 쓴 사람과 나는 이제까지 어떻게 살아왔고 학창 시절에 무엇을 했는지 등 여러 면에서 다르다. 운동만 해온 사람과 책을 많이 읽어온 사람은 배경부터 차이가 있다.

그 사람이 놓인 환경도 다르다. 공부에 투자할 수 있는 시간, 사법시험에 임하는 자세와 동기도 제각각이다. 꿈을 이루려는 의지가 얼마나 강한지도 다를 것이다.

기억력과 이해력 등 능력도 당연히 다르다. 다만 나는 여기에서 능력의 차이는 그다지 걱정하지 말라고 강조하고 싶다.

일반적으로 능력의 차이가 합격과 불합격을 가르는 가장 큰 요인이라고 생각하기 쉽다. 그러나 몇 만 명의 수험

생을 지켜봐 온 경험에 의하면, 꿈을 이루는 데 능력의 차이는 크게 중요하지 않다. 단언하건대 **그보다는 과거의 경험과 삶의 방식, 환경의 차이와 소망의 간절함이 더 큰 영향을 미친다.**

합격 수기는 그런 차이를 의식하며 읽어야 한다. 어디까지나 타인의 체험이라는 사실을 충분히 이해하고, 참고할 수 있는 부분만 참고한다. 무리해서 그대로 따라 할 필요는 없다. 그리고 능력의 차이는 중요하지 않으니 의식하지 않는다.

합격자와 자신을 비교하다가 '난 이렇게 못 해' 하고 도리어 주눅이 들 수도 있다. 목표를 설정할 때는 자신이 할 수 있는 것만 따라 하겠다는 명쾌한 결단력이 필요하다.

자신과 같은 꿈을 실현한
사람이 쓴 책을 고르는 방법

사실 목표 설정만큼 중요한 것이 목표를 이룬 다음이다.

꿈을 이룬다고 그것으로 끝이 아니다. 꿈을 이룬 다음에 어떤 내가 되고 싶은지 생각해야 한다. 그러지 않으면 사법시험에 합격한 순간 혹은 토익시험에서 만점을 받는 순간 더 이상의 꿈은 없게 된다.

드라마나 영화는 주인공이 꿈을 이루면 때맞춰 행복하게 끝나지만, 인생은 꿈을 이룬 뒤에도 계속된다. 꿈을 이루고 난 뒤에는 어떻게 살아가야 할까?

꿈을 이루어주는 책이라고 하면 대부분 꿈을 이루기까지의 비법을 알려주는 것이 전부다. 그러나 더 큰 문제는 그다음이다. 따라서 꿈을 이룬 '앞으로'의 삶을 알려주는 책도 꼭 같이 읽어두어야 한다.

목표에 도달한 다음을 의식하게 하기 위해, 꿈을 이룬 후의 이미지를 떠올릴 수 있는 책을 권하고 싶다. '나는 이런 사람이 되고 싶다.' '이렇게 살고 싶다' 같이 자신이 원하는 꿈에 먼저 도달한 사람이 현재 어떻게 살고 있는지 알려주는 책을 읽는 것이다.

일단 처음에는 자신이 목표로 하는 분야에서 활약하고 있는 사람이 쓴 책을 읽는다. 예를 들어 법조계에 종사하고 싶은 사람은 변호사나 법관, 검사가 쓴 책을 읽으면 하나의 본보기를 발견할 수 있다.

책의 종류는 논픽션이든 평론이든 상관없으나 소설 같은 픽션도 괜찮다고 생각한다. 실제로 변호사 출신 작가가 쓴 추리 소설과 법정 소설도 꽤 많은 편이다. 그런 작품을 읽고 '변호사는 이렇게 흥미로운 직업이구나.' '재판은 이런 식으로 진행되는구나' 하고 전체적인 상을 그려보는 것도 좋은 방법이다.

내가 아직 30대였을 때 미국의 변호사이자 작가인 존 그리샴이 쓴 법정 소설을 읽고 몹시 설렜던 기억이 있다. 미국 굴지의 법률사무소에서 정의를 실현하려고 고군분투하는 젊은 변호사들의 모습과 악을 폭로하는 과정을 긴장감 있게 그린 매우 흥미로운 소설이었다.

이처럼 자신이 목표하는 직업의 세계를 그린 책을 읽으며 직업에 대해 다양한 인상을 형성해나가는 것은 꿈을 향한 뜨거운 열정을 불러일으킨다는 의미에서 유익하다.

나아가 업계와 업종을 뛰어넘어 꿈을 이룬 사람이 어떤 삶을 사는지 알 수 있도록, 사회적으로 성공하거나 사람들에게 존경받는 삶을 사는 사람의 책을 읽으면 좋다. 이런 책을 읽음으로써 자신이 목표하는 직업에 종사하는 사람뿐 아니라 다양한 분야에서 활약하는 사람들의 삶의 방식을 배울 수 있다. 이른바 '꿈 그 후의 이야기'를 알려주는 책이다.

　이상의 책들은 다음과 같은 순서로 읽는다.

　첫째, 자신이 목표하는 직업에 종사하는 사람의 책을 읽으면서 직업에 대한 이미지를 구체화한다.

　둘째, 목표를 이루는 방법을 알기 위해 합격 수기를 읽으며 실제 노하우를 배운다. 이른바 비법서나 노하우 책이다.

　마지막으로, 좀 더 추상적인 삶의 방식에 관한 책을 읽고 꿈을 이룬 뒤 자신이 어떻게 살고 싶은지 혹은 노력하는 과정을 통해 어떤 인간이 되어갈지 생각해본다. 꿈을 이룬 자신이 무엇을 하고 싶은지 깨닫고, 그렇게 성장한 자기 모습을 상상할 수 있는 책이다.

　세상에는 이타적 활동과 사회 공헌 활동으로 덕을 쌓은 사람이 많다. 그런 사람들의 이념과 정신을 배울 수 있는 책을 읽으면서, 꿈을 실현한 사람이 어떻게 살아야 하고 자신의 내면을 어떻게 단련해야 하는지 찬찬히 고민해보는 시간을 가져보는 것도 좋으리라 생각한다.

한 분야에서 최고라 불리는 사람이 쓴 책을 읽는다

자신의 내면을 단련하려면, 한 분야에서 최고라 불리는 사람이 쓴 책을 읽는 것이 좋다. 사회적으로 성공한 사람이나 역사적 인물이 쓴 책, 위대한 고전 등도 여기에 해당한다.

최고라 불리는 사람이 쓴 책에는 과연 대단하다고 생각할 만한 부분이나 배울 점이 많다.

2015년에 일본에서 출간된 《거대한 꿈을 이루는 방법

巨大な夢をかなえる方法》의 내용을 예로 살펴보자. '세계를 바꾼 12인의 졸업사'라는 부제가 붙은 이 책에는 아마존 창업자 제프 베조스, 구글 창업자 래리 페이지, 알리바바 그룹 창업자 마윈 같은 이들의 졸업사가 담겨 있다.

'꿈을 이루는'이라는 제목에 끌려 이 책을 샀는데, 역시 최고라 불리는 사람들이 하는 말은 다르다며 읽는 내내 감탄했다. 졸업식에서 이런 연설을 들을 수 있는 미국 대학생들이 부러울 정도였다.

미국 대학의 졸업 연설 중에는 애플의 창업자 스티브 잡스가 스탠퍼드대학에서 "항상 갈망하라, 늘 우직하게 (Stay Hungry, Stay Foolish)"라고 말했던 연설이 특히 유명하다. 그런데《거대한 꿈을 이루는 방법》에는 이에 못지않은 명연설이 가득 소개되어 있다.

예를 들어 알리바바 그룹의 창업자 마윈은 대학 입학시험에 세 번 낙방한 뒤 삼륜 자전거 운전사로 일하는 등 힘든 젊은 시절을 보냈다. 마윈이 항저우 사범대학에서 한 연설 중에 이런 말이 있다.

"오늘은 괴롭다. 내일은 더 괴롭다. 그래도 모레는 멋진 하루가 기다리고 있다."

인생의 좌절 속에서도 절대 꿈을 포기하지 않았던 사람의 혼신이 담긴 한마디가 아닐 수 없다.

야후를 창업한 제리 양은 하와이대학 힐로캠퍼스 졸업식에서 이렇게 말했다.

"자신의 틀을 깨고 나오세요. 세계를 향해 달려 나가세요. 익숙한 곳이 아닌 미지의 땅에 발자국을 남기세요."

홀어머니 아래서 자란 제리 양은 열 살 때 영어를 전혀 할 줄 모르는 상태로 미국에 건너왔다. 그리고 갖은 고생 끝에 야후를 창업한 뒤 "좁은 세계에 갇혀 있지 말고, 자기 주변에 펼쳐진 세계를 탐구하자" 하고 힘주어 말했다.

도쿄 스기나미 구립 와다중학교 교장을 지낸 후지하라 가즈히로 선생은 저서 《책을 읽는 사람만이 손에 넣는 것》에서 "독서는 저자의 뇌의 단편을 자신의 뇌와 연결하는 행위다"라고 했는데, 이는 참으로 맞는 말이다.

최고라 불리는 사람이 쓴 책을 읽으면 좋은 이유는 저

자의 뇌와 자신의 뇌가 연결되기 때문이다. 위대한 사람이 경험하고 공부한 내용을 체계적으로 정리한 결과물이 그 사람의 저서라면, 독자는 책을 읽음으로써 그 자원을 공유하게 된다.

독자는 책을 통해 저자의 생각을 자기 생각과 연결하고 세계를 확장한다.

당장 도움이 되는 책은
금세 쓸모없어진다

나에게 고전은 절대 실패하지 않는 책이다.

오랜 세월이 흘러도 여전히 남아 있는 작품은 시대와 민족, 성별을 초월해 본질적인 것을 내포하고 있다.

독일의 철학자 아르투르 쇼펜하우어는 저서 《쇼펜하우어 문장론》에서 말했다. "정신을 위한 청량제로 그리스·로마 고전만큼 좋은 것은 없다. (……) 단 30분이라도 그것을 읽는다면 (……) 마음이 맑아지고 정신이 고양된다.

이는 나그네가 시원한 샘물로 원기를 회복하는 것과 같다."

'나그네가 시원한 샘물로 원기를 회복하는 것'이라고까지 말하는데, 고전을 읽지 않을 이유가 있을까? 다만 쇼펜하우어는 원어인 라틴어로 읽으라고 권하고 있으나, 나로서는 거기까지는 불가능할 듯하다.

어쨌든 고전의 힘은 그만큼 위대하다. 이를 모르고 살아간다면 너무도 안타까운 일이다. 그래서 가능한 한 고전이라 불리는 책은 모두 확인하려 하나 아직은 갈 길이 멀어 보인다.

어쩌면 누군가는 '그런 옛날 책을 읽는다고 요즘 시대에 무슨 소용이 있겠어?' 하고 생각할지 모른다. '고전은 읽기 힘들고 어려워' 하고 느끼는 사람도 있을 것이다. 확실히 고전을 읽는다고 해서 지금 당장 도움이 되지는 않을 수도 있다.

그러나 나는 생각한다. 지금 **당장 도움이 되는 책은 금세 쓸모없어진다고.**

요즘 시대에만 통용되는 책에도 나름대로 배울 점이 많다. 그러나 부지런히 읽은 그 책들이 시간이 지나면서 점점 의미가 퇴색된다면, 똑같은 시간을 들여 더 도움이 되는 책을 읽는 것이 낫지 않을까?

이것은 다른 분야에도 적용된다. 학문을 예로 들어보자. 최근 일본 문부과학성은 대학들에게 문과 계열 학부보다 이과 계열 학부를 더 중점적으로 육성하도록 권하고 있다. 이는 당장 활용 가능한 인력을 보내달라는 산업계의 요구에 부응하려는 태도다.

되돌아보면 일본의 메이지시대(1868~1912)에도 정부가 부국강병을 내걸고 대학에 이와 같은 요청을 한 적이 있다. 이에 대해 계몽 사상가이자 교육자 후쿠자와 유키치 등이 의연히 반발하고 나섰다. 당시 게이오기주쿠대학의 학부장이었던 공학박사 다니무라 도요타로는 "당장 쓸모 있는 인간은 금세 쓸모없어지는 인간이다" 하고 응수했다. (고이즈미 신조, 《독서론讀書論》에서)

가만히 생각해보면, 실제로 정말 도움이 되는 사람은

평소에 필요성을 체감하지 못하는 철학, 역사, 문학 등 기초 교양까지 제대로 공부한 사람이 아니던가.

흔히 자기도 모르게 눈앞에 닥친 일에만 시선을 빼앗기기 마련이나, 그런 것은 환경과 사회 체계가 바뀌면 금방 뒤집어진다. 그런 일시적인 것에 휘둘리지 말고 더 본질적인 것, 오랫동안 전 세계 사람들에 의해 구전되고 지켜져 내려온 보편적인 것에 주목해야 한다.

새로운 책은 아직 시간의 세례를 받지 않았다. 시간이 흘러 많은 사람의 엄격한 잣대와 시장의 선택을 통과해 살아남은 책을 읽는다면 틀림없이 큰 도움이 된다.

한 가지 주제의 책을
20~30권 한꺼번에 산다

    특정 주제로 무언가 공부할 때는 관련된 책을 20~30권 한꺼번에 산다. 해당 주제에 찬성하는 사람, 반대하는 사람, 중립인 사람의 책을 한데 모으면 아무래도 그 정도 분량은 되기 때문이다.

    그런데 그렇게 책을 사면 실패할 때도 있고, 막상 읽어보니 고작 한 줄밖에 도움이 되지 않았다고 느낄 때도 있다. 특히 온라인서점에서 책을 사면 속을 확인하지 못하므로 종종 예상한 내용과 전혀 다른 책이 도착하기도 한다.

그래도 어딘가 한 줄이라도 도움이 되어 '이 책을 읽은 덕분에 이 한 줄을 발견할 수 있었으니 정말 다행이야' 하고 생각한다면, 그 책은 자신에게 꼭 필요한 책이었다고 받아들인다.

어떤 책이든 반드시 얻을 것이 있다. 실패했다고 생각해도 그마저 공부이므로 책을 고를 때는 돈 낭비라는 생각을 버리고 주저 없이 산다. 대체로 20~30권 정도 읽으면 해당 주제에 관해 대략적인 내용은 말할 수 있게 된다.

또한 자신이 전혀 모르는 분야를 공부할 때는 20~30권 중에 얇은 입문서와 그 분야의 필독서로 불리며 관련 내용을 정공법으로 다룬 개론서 몇 권을 반드시 포함시킨다.

입문서를 사는 이유는 주제와 관련된 전문용어와 개념을 파악해 시작부터 좌절하지 않도록 하기 위해서다.

만약 어떤 분야를 공부할 때 이과 계열의 어려운 지식이 전제 조건이면, 책에 쓰인 용어 자체를 이해하기 힘들 것이다. 보통 사람이 법률책을 읽을 때도 처음에는 전문

용어 때문에 난감할지 모른다.

예를 들어 집단자위권과 집단안전보장을 구별하지 못하는 사람이나 헌법과 법률의 차이를 의식한 적 없는 사람이 헌법 개정의 옳고 그름을 논하는 법률책을 읽으면, 용어 자체가 무엇을 의미하는지 모르므로 논점의 차이를 제대로 이해할 수 없다.

따라서 자신이 전혀 모르는 분야는 처음부터 용어 때문에 당황하지 않도록 먼저 친절하고 알기 쉽게 설명해놓은 얇은 입문서부터 산다.

이때 **얇은 입문서는 대부분 한 권만으로는 완벽하지 않으므로 두세 권 준비하는 것이 좋다.**

입문서를 선택할 때는 실제 서점에 가서 책장을 대강 넘겨보며, 그림과 도표가 이해하기 쉬운지, 글자가 커서 보기 편한지 등을 기준으로 자신에게 맞는 책을 직접 고른다.

혹은 초보자가 읽기에 좋은 책을 그 분야에 정통한 사람에게 물어봐도 좋다. 서점에서 책을 잘 아는 직원에게 조언을 구하거나 인터넷으로 질문할 수도 있다. 이처럼 책을 고를 때 다른 사람에게 도움을 받는 방법도 추천한다.

얇은 입문서를 두세 권 산 뒤에는 죽 훑어보며 전체상을 파악한다. 그러면 개론서로 넘어갔을 때 어쨌든 첫 페이지부터 내용을 이해하게 된다.

일단 처음부터 '무슨 말인지 전혀 모르겠다'는 상태에서는 벗어나므로 본격적인 전문서도 안심하고 읽을 수 있다.

두꺼운 책으로
뇌에 부담을 준다

이처럼 나는 새로운 주제를 공부할 때 얇은 입문서로 시작하는 유형이다. 그런데 나와는 정반대로 무작정 두꺼운 책부터 읽는 사람도 있다.

일본의 인터넷 생명보험회사 라이프넷생명을 창업한 데구치 하루아키 회장은 저서 《책의 '사용법'本の'使い方'》에서 자신은 반드시 두꺼운 책부터 읽고 마지막에 얇은 책을 읽는다고 적었다.

이 두꺼운 책 한 권을 다 읽고 나면 해당 주제를 어느 정도 이해하게 되리라는 믿음으로, 무조건 끝까지 읽어내려 간다는 것이다. 데구치 회장은 "그렇게 네다섯 권을 다 읽었을 즈음에는 그 분야의 윤곽을 파악하게 된다"고 말한다.

그리고 뒤이어 얇은 입문서를 읽으면, 눈앞의 안개가 말끔히 걷히며 '아, 알았다! 그 책에 있던 내용이 이런 의미였구나!' 하고 느낄 수 있다고 한다.

이 역시 틀림없이 맞는 말로, 사법시험을 준비하는 고학생 중에는 온갖 고생을 감수하며 독학으로 두꺼운 법률 전문서를 공부해온 사람이 많다. 그런 사람이 이토학원에서 내 강의를 듣거나 간결하게 정리된 교재를 읽게 되면, 그야말로 안개가 걷히듯 '이런 의미였구나!' 하고 쏙쏙 이해되는 놀라움과 감동을 경험하게 된다.

두꺼운 책에 단련되어 있다 보니 얇은 입문서가 재미있을 정도로 술술 읽힌다. 원래는 이렇게 읽는 것이 올바른 방법인지도 모른다.

다만, 처음에 두꺼운 책을 읽는 고행의 시간은 생각보다 매우 힘들다. 그 부담을 견디는 사람과 견디지 못하는 사람이 있다. 나 같은 사람이 처음부터 무턱대고 두꺼운 책에 도전했다가는 두세 장 넘겨보다가 좌절할지도 모른다.

독서가 서툰 사람은 얇은 입문서부터 읽는 편이 낫다. 우선 가시밭길을 피할 수 있으므로 안전하다.

얇은 입문서를 읽은 뒤
도전해야 할 책

　그러나 언제까지 얇은 입문서만 붙들고 있을 수는 없다. 어느 정도 개요를 파악하고 나면 개론서나 두꺼운 책, 명작에도 과감히 도전할 필요가 있다. 내용이 난해해도 굴하지 않고 끝까지 읽고 소화해야 한다.

　고바야시 히데오는 《독서에 관하여》에서 명작은 예외 없이 난해하다고 말한다. 명작이라 불리는 책에는 뛰어난 능력을 가진 천재가 도달한 가장 높은 경지가 담겨 있고,

이는 평범한 사람이 읽고 바로 이해할 만한 내용이 아니라는 것이다.

따라서 명작이 난해한 것은 당연하므로, 몇 번이든 이해할 때까지 읽으라고 조언한다.

또한 해당 저자의 전집을 읽는 것도 추천하고 있다. 전집을 읽으면 높은 수준에 도달한 저자가 하고 싶은 말이 무엇인지 이해하게 된다고 말한다. 엄청난 양의 책을 독파해온 고바야시 히데오라서 가질 수 있는 견해다.

나아가 고바야시 히데오는 "아무리 조언해도, 가만히 듣거나 읽기만 하고 실천하지 않으면 의미가 없다" 하고 독자의 가슴을 찌르는 한마디를 전한다.

이 말을 듣고 가슴이 뜨끔한 사람도 있을지 모르겠다. 혹시 주변에 독서법이나 공부법에 관련된 책을 읽기만 하고, 실제로 독서도 공부도 하지 않는 사람이 있지 않은가? 그보다 지금 이 책을 읽는 자신은 평소에 독서하고 있는가?

아무리 조언을 들어도 실천하지 않으면 의미가 없다.

이 책을 읽고 있다면, 오늘부터 바로 실행해보자. 일단 마음에 드는 입문서를 골라 읽어본다. 그리고 어느 정도 읽으면, 두꺼운 책에 주저 없이 도전한다.

참고로, 두꺼운 책을 읽을 때 주의할 점이 한 가지 있다. 그 책이 누구를 위해 쓰인 책인지 살펴야 한다.

예를 들어 법률서 중에는 같은 업계에 종사하는 법률학 연구자를 위해 자신의 연구 성과를 발표하려고 쓴 체계서 體系書라는 종류의 책이 있다. 그런 책은 연구자를 위한 책 이므로 입문자가 읽기에는 매우 부담스럽다. 독자가 모든 부담을 짊어지게 된다.

개론서 중에는 특히 초보자가 읽기 쉽게 쓰인 책이 있 다. 따라서 읽기 전에 누구를 위해, 어떤 목적으로 쓰였는 지 반드시 의식하며 책을 골라야 한다. 자기 목적에 부합 하는 책을 제대로 고르는 일은 중요하다. 부디 오늘부터 당장 실천하길 바란다.

2장

꿈을 이루는 책을
활용하는 방법

자신의 피와 살이 되도록
철저히 파고든다

머리말에서도 언급했듯 책은 나에게 생각하기 위한 소재다. 그래서 나는 책을 철저히 더럽히고 혹독하게 다룬다. **책이 더러워진 정도가 얼마나 그 책을 자기 것으로 만들었는지의 기준이라 해도 좋을 것이다.**

이를테면 음식과 마찬가지다. 익히지 않은 감자나 돼지고기는 그대로는 몸의 영양이 되지 않는다. 적당한 크기로 썰어 불에 구운 뒤 이로 잘 씹어 원형이 남지 않게 부수면, 그제야 소화되어 영양분이 자신의 피와 살이 된다.

나는 책을 읽을 때 중요한 부분에 밑줄을 치거나 키워드에 색칠을 하고, ○ 표시를 하거나 물음표를 달기도 한다. 또한 문득 생각이 떠오를 때마다 의견이나 의문점, 요약 등을 바로바로 책에 적는다.

밑줄도 깨끗하게 치지 않고 죽 삐치게 긋거나 이중으로 동그라미를 치고 강하게 여러 번 눌러 그리는 등 **가능한 한 그때의 생각과 고양된 감정을 있는 그대로 남기려 한다.** 그렇게 하면 나중에 다시 보았을 때 자신이 어디를 의식하며 읽었는지 쉽게 알 수 있다.

메모도 보기 좋도록 예쁘게 써넣지 않는다. 책은 어디까지나 소재이므로 더럽혀야 의미가 있다는 뚜렷한 소신으로 다룬다.

내가 가진 많은 책은 다른 사람이 보면 읽기 힘들 정도로 너덜너덜 낡아 있다.

책을 좋아하는 사람 중에는 책에 직접 표시하는 것에 거부감을 느끼거나 나중에 헌책방에 팔려면 깨끗이 봐야 한다고 생각하는 사람도 있을 것이다.

그러나 깨끗한 채로 남아 있는 책은 아무리 시간이 흘러도 객식구일 뿐 진정한 가족이 되지 못한다고 생각한다.

눈으로 글씨만 골라 읽는 것이 아니라, 손을 사용해 동그라미를 치거나 중요 표시를 하고 메모를 써넣으면 더 오래 기억에 남는다. 또한 그렇게 중요 표시를 해놓으면 나중에 다시 확인하기도 쉽다.

책에 남긴 밑줄과 동그라미, 메모는 내가 '책과 대화'한 흔적이다.

사람과 대화할 때도 "음, 아하." "그렇군요." "그건 좀 아니지 않아?" 하고 반응하게 되는 법이다. 반응이 많으면 많을수록 충분히 대화를 나눴다는 의미다.

책도 이와 마찬가지로 밑줄을 치거나 메모를 적어 넣는 등 반응하며 읽는다. 계속해서 책과 대화해나가는 것이다. 그러면 책의 내용을 주체적으로 받아들여 내 꿈을 이룰 자양분으로 삼을 수 있다.

교과서를 철저히 더럽힐 때 주의할 점

책이 더러운 정도와 책에 대한 이해도가 비례한다는 사실은 학원생들의 교과서를 보면 알 수 있다. 교과서가 새 것처럼 깨끗한 사람이 제대로 공부하고 있다고는 생각하기 힘들다. 교과서는 공부하면 할수록 당연히 손때가 묻어 더러워지고 손에 익은 물건이 된다.

다만 이것은 어디까지나 교과서에 해당하는 이야기다.

교과서와 일반 책은 읽는 목적이 다르다. 교과서는 책

에 쓰인 내용을 모조리 이해해야 한다. 다시 말해 저자의 머릿속 내용을 자기 머릿속으로 고스란히 옮겨 와야 한다. 따라서 밑줄을 긋고 동그라미를 치는 목적도 모두 정확히 이해하고 기억하기 위해서다.

한편 일반 책은 내용을 전부 기억할 필요가 없다. 자신에게 의미 있는 부분만 몇 군데 골라 자기 것으로 만들면 충분하다.

당연히 밑줄을 긋거나 중요 표시를 하는 목적도 기억하기 위해서가 아니라 자신에게 생각할 기회를 만들어준 부분을 고르면서 읽는 데 있으므로, 교과서와는 표시하는 부분이 완전히 다르다.

이처럼 읽는 목적이 다르면, 밑줄을 긋는 부분과 방법도 달라진다. 즉 더럽힐 부분과 더럽히는 방법이 달라진다.

참고로 나는 학원생들에게 "교과서는 최소한 다섯 번은 읽으십시오" 하고 말한다.

교과서는 그 정도로 자주 읽는 것을 전제로 하기 때문에 처음부터 밑줄을 마구 긋는 등 너무 더럽히면 나중에 다시 보기가 싫어진다.

나도 사법시험을 준비할 때 처음부터 교과서에 형광펜으로 줄을 치며 읽다가, 교과서 전체가 새빨갛게 칠해지는 바람에 정작 어디가 진짜 중요한지 알 수 없게 된 경험이 있다.

여기에 질려 다음 해부터는 형광펜을 색연필로 바꿔 용도에 따라 여러 색깔로 구분해 칠했다. 교과서는 몇 번씩 되풀이해 읽는 책이므로 메모를 써넣을 때도 나중에 보기 싫지 않도록 정리하는 방법을 연구할 필요가 있다.

책을 복사해서 가지고 다니는
방법을 추천하는 이유

책 활용법으로 추천하는 것 중 하나가 책을 복사해서 가지고 다니는 방법이다.

이토학원에서는 교재를 그날 수업에 사용할 분량만큼만 복사해서 그 복사본을 교실에 가지고 들어와 마음껏 더럽히도록 지도하고 있다. 그리고 집에 돌아가 메모와 밑줄이 가득한 복사본을 보고 원본 교재에 다시 정리하면서 중요한 부분을 표시하도록 한다.

이렇게 하면, 그날 수업 내용을 복습하는 동시에 교재를 자기 나름대로 정리한 보조 공책으로 만들 수 있다.

나는 교재와 참고서를 읽을 때는 물론이고, 본격적으로 책을 꼼꼼히 이해하며 읽고 싶을 때도 중요한 부분을 복사해 가지고 다닌다. 복사본이라면 거리낌 없이 표시하거나 메모하며 더럽힐 수 있기 때문이다.

본문이 두껍고 하드커버로 된 책은 책장을 넘기기 힘든 데다 무거워서 들기에도 벅차지만, 복사본은 서류 사이에 쏙 끼워 넣을 수 있어서 들고 다니기에 매우 편리하다. 그래서 가방이 무거운 날에는 하루에 읽을 분량만 복사해 가지고 다닌다.

도서관에서는 책을 빌리지 않고 필요한 부분만 복사하기도 한다.

때로는 필요한 부분을 대량으로 수십 쪽 복사하는데, 그렇게 많이 복사해도 막상 읽어보면 그다지 새로운 발견을 하지 못할 때가 많다. 그럴 때 책은 버릴 수 없지만 복사본은 버리면 그만이므로 그런 면에서도 편하다.

책과 조금 다르지만, 블로그 등 인터넷상에서 조금 긴 글이 읽고 싶을 때도 전체를 몇 십 페이지로 정리한 뒤 출력해 가지고 다니며 읽거나 메모한다. 다양한 블로그 글을 주제별로 정리해 가지고 다니면 함께 읽고 비교하기에도 좋다.

이런 방법으로 계속 더럽힐 수 있고, 그렇게 더럽힌 부분은 자기 것이 된다.

책을 주제별로
복사해 보관한다

나는 한 가지 주제를 공부할 때 책을 여러 권 동시에 읽는다. 앞에서 언급했듯 해당 주제의 책을 20~30권 한꺼번에 사기도 한다.

여러 가지 책을 비교하며 깊이 있게 읽기 위해서인데, 이때도 책을 복사한다.

주제별로 필요한 부분을 복사해두면, 책상 위에 몇 권의 내용이든 죽 늘어놓고 읽으면서 비교할 수 있다. 책의 주요 내용이 보이도록 배열해 전체상을 파악하는 것이다.

필요 없는 부분은 버리기도 하지만, 대부분 복사물에는 자신에게 필요한 내용이 몇 군데는 있기 마련이라 실제로 버리는 일은 별로 없다.

복사물이 계속 쌓이기 때문에 복사한 자료는 클리어파일에 정리한 뒤 주제별로 분류해 상자에 넣어 보관한다. 이때는 클리어파일을 세로로 꽂아 보관하는 문서보관상자를 이용하면 편리하다.

자주 읽는 자료는 상자 안에서도 꺼내기 쉬운 앞쪽에 두고, 필요에 의해 어쩌다 보는 참고 수준의 자료라면 안쪽에 깊숙이 넣어둔다.

필요할 때 해당 주제의 상자만 열어보면 되므로, 매번 원본 책을 펼쳐 원하는 부분을 찾아 읽는 수고를 하지 않아도 된다. 어지간한 조사는 이 복사물을 보는 것으로 충분하다.

나아가 복사물에 번호를 달고 어느 상자에 어떤 주제의 복사물이 보관되어 있는지 표로 정리한다.

이렇게 하면, 일부러 책을 꺼내 책장을 넘겨보지 않아도 필요한 부분을 복사물에서 단번에 찾아 읽을 수 있다.

꼭 가지고 다닌다

나는 항상 '볼펜, 메모장, 포스트잇' 이 세 가지를 사용해 책을 읽는다.

그래서 어디를 가든 이 세 가지만은 반드시 가지고 다닌다. 출장을 가서도 호텔 방의 침대 옆에 이 물건들을 늘어놓고 잠을 잔다.

나에게 독서는 읽는 것과 표시하는 것이 한 쌍이다. 책을 읽으면서 신경이 쓰이는 부분에 끊임없이 밑줄을 치고 포스트잇을 붙이고 메모한다.

그중에서도 읽을 때 특히 중요시하는 부분은 의문점이다.

의문이 떠오르면 반드시 책에 메모한다. '이것은 어떤 의미지?' 하는 부분을 표시해두었다가 나중에 저자를 조사하거나 관련 정보를 모으다 보면, 자신의 지식 세계가 점점 넓어진다. 때로는 그 부분을 복사해 두었다가 나중에 다시 확인하기도 한다.

어쨌든 언제 어디서나 책을 읽다가 궁금하거나 중요하다고 생각하는 부분이 있으면, 잊어버리지 않도록 그 자리에서 바로바로 밑줄을 치고 포스트잇을 붙이고 메모하는 것이 습관이 되어 있다. 그렇게 하지 않으면 나중에 표시하자거나 다시 읽어보겠다고 마음먹어도 금세 잊어버린다.

읽은 자리에서 바로, 아직 기억이 선명할 때 표시하는 것이 핵심이다.

그러기 위해 잠잘 때조차 필기구와 포스트잇을 늘 몸에

지니고 있다.

참고로 나는 필기구 중에서 한때 유행했던 지워지는 볼펜은 사용하지 않는다. 잠깐 사용한 적도 있으나 별로 지울 필요가 없다는 사실을 깨달았다.

틀린 내용을 메모하거나 중요한 부분을 착각해 잘못 밑줄을 치기도 하지만, 그것도 당시의 내 생각이다. 나는 그런 흔적도 남겨두고 싶다.

지워지는 볼펜은 없지만, 일반 볼펜은 꼭 가지고 다닌다.

볼펜을 고집하는 이유는 사법시험에서는 펜으로만 답안을 작성하도록 제한하기 때문이다. 사법시험은 추후 답안을 조작하지 못하도록 샤프나 연필 사용을 금지하고 있다.

시험 당일에 볼펜으로 막힘없이 답안을 적어 내려가기 위해 평소 펜으로 필기하는 데 익숙해져야 한다. 이토학원에서는 "시험 당일 볼펜으로 쉬지 않고 답안을 작성해야 하므로 팔 근육을 단련해두길 바랍니다" 하는 요령까지 알려주고 있다.

그런 습관이 남아 있기 때문에 필기구 중에는 볼펜이 여전히 내 필수품이다.

볼펜과 형광펜을
사용하는 방법

　지금부터 구체적으로 내가 책을 어떻게 활용하는지 소
개해볼까 한다.

　책에 표시할 때 '이건 나중에 활용할 수 있겠어.' '여기
는 내 의견과 같아' 하고 생각하는 부분, 다시 말해 **긍정
적으로 인식하는 부분에는 ○ 표시를 한다.**

　반대로 '여기는 내 의견과 달라.' '이 의견에는 모순이
있어.' '이건 편향된 가치관에 근거했군' 하면서 **부정적으**

로 받아들여지는 부분에는 × 표시를 한다. 그리고 '특별히 좋다'고 느끼는 부분에는 ◎ 표시를 한다.

밑줄을 칠 때는 가지고 있는 볼펜이나 형광펜을 사용한다.

형광펜은 밑줄을 치거나 중요한 부분을 색칠하는 두 가지 사용법이 있어 편리하다.

예를 들어 처음에 노란 형광펜으로 밑줄을 치고, 두 번째 읽으면서 거듭 중요하다고 생각되면 노란색 위에 분홍 형광펜으로 ○ 표시를 추가한다. 노란색은 첫 번째, 분홍색은 두 번째로 표시한 색깔이다. 이렇게 형광펜으로 색을 구분해놓으면 자기 안에서 단계를 조절할 수 있으므로, 자신이 무엇을 깨달았고 어디를 중요하게 생각하는지 한눈에 파악할 수 있다.

또한 나는 내용을 정확히 이해해야 하는 책을 읽을 때도 자주 형광펜을 사용한다. 볼펜보다 눈에 띄고 다양한 방법으로 활용할 수 있기 때문이다. 단 외출한 곳에서 읽으며 메모해야 할 때는 볼펜을 사용하기도 한다.

상황에 따라서는 처음에 빨간 볼펜으로 밑줄을 긋고, 두 번째에 노란 형광펜으로 칠하기도 한다. **필기구를 바꾸거나 색을 구분해 쓰면 기억에 더 쉽게 남는 장점이 있다.**

나중에 떠올릴 때 '그 장의 왼쪽 위에 빨간 선을 두르고 노란색으로 칠한 부분에 그 내용이 적혀 있었지' 하면서 시각적으로 바로 기억을 불러오기도 쉽다.

이처럼 책에 남긴 알록달록한 표시들은 자기 노력의 흔적이자 사고의 결과다.

음독과 자기 지표로
기억에 확실히 남긴다

이처럼 밑줄을 치거나 메모하면서 책을 읽으면 내용을 더 쉽고 확실하게 기억할 수 있다.

얼마 전 정신과의사 가바사와 시온이 쓴 《외우지 않는 기억술》을 읽었는데, 이 책에서도 밑줄을 치거나 메모하며 책 읽기를 추천하고 장려하고 있다.

책을 읽으면서 형광펜으로 밑줄을 치거나 메모하면 뇌의 다양한 영역을 사용하게 되어 기억에 더 쉽게 남는다는 것이다.

이와 함께 저자는 음독도 추천하는데, 뇌과학의 견지에서 보아도 밑줄을 치며 책을 소리 내어 읽는 것은 뇌를 더 활성화해 내용을 확실히 기억하게 한다고 말한다.

이는 그야말로 내가 사법시험 공부를 할 때 실천했던 방법과 일치한다. 나는 책을 음독하며 스스로 자신에게 공부를 가르치는 '자기 지도' 학습법을 실천했다.

자기 지도는 읽고 쓰고 그 내용을 이야기해 자신의 목소리를 듣는 학습법이다. 이는 뇌의 다양한 부위를 자극하고 기능을 활발하게 해 책 내용을 확실히 기억에 남기는 공부법이자 독서법이다. 나도 모르는 사이에 뇌과학의 방법론을 구사했던 셈이다.

이 방법은 학원생들에게도 적극적으로 권하고 있다. 뇌과학으로도 증명이 되었다고 하니 '역시 괜찮은 방법이었어!' 하고 자신감이 생겼다.

또한 메이지대학의 사이토 다카시 교수도 베스트셀러가 된 저서 《소리 내어 읽고 싶은 일본어声に出して読みたい日

本語》에서 음독을 추천하고 있다. 사이토 다카시 교수는 책을 음독하는 것만으로도 뇌가 자극을 받아 머리가 좋아진다고 말한다. 일본의 에도시대(1603~1867)에 어린아이들에게 논어를 소독素讀(내용 이해는 뒤로 미루고 문자만 소리 내어 읽는 방법)하도록 한 이유도 음독을 통해 두뇌를 훈련하기 위해서였다고 한다.

'이 부분은 반드시 기억하고 싶다.' '정말 좋은 내용이니까 완전히 내 것으로 만들겠다' 하는 부분이 있을 때는 밑줄을 치거나 메모하는 것과 더불어 몇 번씩 음독하고 자신에게 스스로 가르치는 자기 지도로 학습 효과를 높여보기를 바란다.

책장의 위아래 모서리 접기를
활용하는 방법

책을 활용하는 방법에는 책에 직접 표시하기 말고도 책장 모서리를 접는 방법이 있다. 강아지 귀를 닮아, 이른바 도그이어dog-ear라고 부르는 모양으로 책장 모서리를 접는다.

책장 모서리를 접을 때는 위 모서리와 아래 모서리를 구분한다.

모서리 접기는 나중에 활용할 만한 문장이 있는 쪽의

책장을 접어두는 것인데, 먼저 '이건 좋은 의견이야' 하고 긍정적으로 생각한 문장이 있는 쪽은 위 모서리, 즉 책장의 위쪽 끝을 접는다. 반대로 '여기는 논리에 맞지 않아' 하고 부정적으로 생각한 문장이 있는 쪽은 아래 모서리, 즉 책장의 아래쪽 끝을 접는다.

바로 며칠 전 나는 경제학자이자 경제 평론가 우에쿠사 가즈히데 선생의 《일본 경제 부활의 조건日本経済復活の条件》을 읽었다.

이 책에서 우에쿠사 선생도 나와 같은 의견을 말하고 있어 '그래, 맞아. 맞는 말이야' 하고 무릎을 치며 책장의 위 모서리를 크게 접었다.

이렇게 접어두면 '그 문장이 어디에 있었더라?' 하고 찾아야 할 때 바로 발견할 수 있어 매우 편리하다.

다만 모서리를 많이 접었다고 해서 그 책이 반드시 좋은 책이라는 의미는 아니다.

책을 평가하기 위해 모서리를 접는 것이 아니라 우연히 그 정보가 자신에게 도움이 되었을 뿐이다. 그러므로 단

한 군데만 접었더라도 거기에 훌륭한 의견이 있다면, 그 책은 자신에게 매우 도움이 되는 책이라고 할 수 있다.

네모를 쳐서
핵심어를 강조한다

책마다 그 책 특유의 핵심어가 있다. 나는 '이것이 핵심어다'라고 생각하는 단어와 문장에 반드시 네모를 친다.

조금 전문적인 이야기를 예로 들면, 헌법학자이자 도쿄대학 명예교수인 히구치 요이치 선생이 쓴《'헌법개정'의 진실'憲法改正'の真実》에는 '알 의무'라는 말이 나온다. 나는 일반적으로 자주 사용하는 '알 권리'는 알았으나 '알 의무'는 들어본 적이 없었다.

'무슨 말이지?' 궁금해하며 계속 읽어내려 가니 "주권자인 국민에게는 공공 사회를 유지, 운영해나가는 데 필요한 정보와 지식을 알 의무가 있다"라고 적혀 있었다. 즉 히구치 선생은 모른다는 말로 그냥 넘길 수 없는 문제들에 관해 말하고 있었다.

처음 듣는 문장이었지만, 과연 알 의무는 중요하다고 느껴 이 문장에 네모를 쳤다.

이렇게 **핵심어에 네모를 쳐서 눈에 띄게 하면, 책의 취지를 더욱 명확히 이해할 수 있다.**

핵심어는 책을 읽다 보면 반복해서 등장하므로 찾기에 그리 어렵지 않다. 혹은 평소와 조금 다른 방식으로 사용된 단어가 핵심어일 때도 있다.

읽으면서 '뭐지?' 하고 위화감을 느끼거나 미심쩍은 느낌이 드는 단어와 문장이 핵심어일지도 모른다. 책을 주의 깊게 읽다가 신경이 쓰이는 단어가 있을 때 네모를 쳐놓고 나중에 확인해보는 습관을 들이면 핵심어를 파악하는 데 도움이 된다.

용도를 의식하며 컴퓨터로 정리한다

앞에서 설명한 것처럼 밑줄을 긋거나 형광펜으로 색을 칠하고 핵심어에 네모를 칠 때마다 **나는 항상 이 정보를 어디에 활용할지 생각한다.**

'이 부분은 강연에서 써먹어야지.' '여기는 그 의견의 반론이 되겠군.' '나중에 다시 제대로 확인해봐야지' 등등 어디에 어떻게 활용할지 의식하면서 표시한다. 요컨대 목적과 활용 방법을 염두에 두는 것이다.

그저 막연히 읽어내려 가면 어물어물 끝까지 읽기만 하고 머리에 제대로 남지 않는다. '여기에 활용하자'라고 목적을 가지고 읽어야 핵심어와 문장이 분명히 눈에 들어온다.

어딘가에 활용하겠다고 생각하거나 꼭 기억하고 싶은 부분은 컴퓨터에 입력해놓기도 한다. 핵심어와 핵심 문장, 때로는 일정 분량의 문장을 컴퓨터에 입력하고, **나중에 출전을 알 수 있도록 '책 제목'과 '저자', 입력한 '날짜'를 기록해 나만의 메모로 활용한다.**

이렇게 하면 책의 내용이 틀림없이 머리에 저장된다.

그리고 입력한 문장 뒤에는 '이 의견에 동의한다.' '참으로 맞는 말이다' 같은 긍정적인 의견을 적어 넣기도 하고, '이런 부분은 이상하지 않은가?'라고 의문을 적거나 자신의 견해와 해설을 덧붙이기도 한다.

의견을 적다 보면 멈추지 못할 때가 있는데, 정신을 차려보면 상당한 분량의 문장을 컴퓨터에 입력하고 있기도 하다. 그런 메모와 문장은 나중에 생각을 깊게 하거나 원고를 작성할 때 매우 유용하다.

'정말 재미있었다.' '감동적인 책이었다' 같은 단순한 감상이 아니라 자기 생각과 의견을 적어나가다 보면 목적에 맞는 내용이 차곡차곡 축적된다.

항상 어딘가에서 활용할 것을 의식하고 책에 표시함으로써 책의 내용을 자기 것으로 더 깊이 흡수할 수 있다.

책상 위에
가능한 한 책을 많이 펼쳐놓고
생각을 깊게 한다

텔레비전과 인터넷, 소셜네트워크서비스SNS, 신문 등 정보를 얻을 수 있는 수단은 다양하다. 그러나 나에게는 책에서 얻는 정보가 가장 중요하다. 문자로 쓰인 책 속의 정보는 계속 붙잡아둘 수 있기 때문이다.

나는 기본적으로 책을 버리지 않는다.

텔레비전과 인터넷에서 얻은 정보는 순식간에 사라져 버린다. 물론 이들 정보도 녹화하거나 출력해 보관하면 되지만, 여기에는 한계가 있다.

신문의 정보도 잡아둘 수 있으므로 현재 상황을 파악하는 목적으로 애용한다. 그러나 시간 축을 길게 잡아 체계적으로 정리한 책은 한 가지 주제에 관해 깊이 생각하게 해준다는 의미에서 신문에 없는 장점이 있다.

예를 들어 책은 목차를 훑거나 책장을 훌훌 넘겨보며 전체상을 그릴 수 있다. 앞으로 돌아가거나 뒷부분을 먼저 읽어보는 등 왔다 갔다 확인하며 읽기도 가능하다.

책에 따라서는 따로 시간을 내서 다시 읽어보고 새로운 발견을 하거나 깨달음을 얻어, 거기서부터 자기 생각을 더 깊게 하기도 한다.

게다가 책은 여러 권을 한꺼번에 책상 위에 늘어놓을 수 있는 장점도 있다. 나는 일할 때 책을 많이 활용하므로, **책상 위에 책을 여러 권 펼쳐서 늘어놓고 필요한 곳을 여기저기 참조한다.**

컴퓨터도 창 네 개 정도를 동시에 열어놓고 비교할 수 있지만, 모니터 크기 이상으로는 펼치지 못한다. 반면에 책은 책상 위 가득, 때로는 바닥까지 사용해 얼마든지 펼칠 수 있으므로, 이것저것 참조하면서 생각을 발전시켜나가기에 매우 편리하다.

내 책상은 비좁고 물건이 어지럽게 널려 있어, 주로 한밤중에 커다란 둥근 탁자 위에 책을 양껏 펼쳐놓고 일한다. 책을 주제별로 산더미처럼 쌓아두거나 참고 자료를 죽 늘어놓고 쾌적한 상태에서 일할 수 있다.

차분히 시간을 들여 깊이 생각하고 싶을 때도 책을 여러 권 늘어놓고 참조한다.

참고가 될 만한 책이 많을수록 더욱 다양한 관점에서 생각하는 데 도움이 된다. 그래서 나는 어떤 책이든 버리지 않는다. 단 한 줄이라도 필요한 정보가 담겨 있으면, 그것은 소중한 책이기 때문이다.

이런 식으로 내 수중에는 책이 계속 쌓여간다. 특정 주제를 조사할 때 최소한 20~30권은 사 모으고, 그 외에 증정받는 책도 많다.

결국 사무실 여기저기에 책장을 추가하다가 더는 수납

하지 못할 지경이 되어, 아예 회사 일부를 서고로 만들어 버렸다.

모든 사람에게 추천할 만한 방법은 아니지만, 책을 버리지 않고 가능한 한 많이 수중에 가지고 있으면서 몇 권이든 한꺼번에 펼쳐놓고 일하는 것이 내 방식이다.

주체적으로 책을 읽기 위해 알아둘 점

　내가 책을 읽으면서 책에 표시하거나 책장 모서리를 접는 것은 주체적으로 책을 읽기 위해서다. 책은 수동적으로 읽기보다 적극적으로 읽는 편이 좋다. 책 내용을 자기 것으로 축적할 수 있고, 결과적으로 꿈을 실현하는 데 훨씬 도움이 된다.

　책에 담긴 내용을 단순히 정보나 지식으로 받아들이는 데서 그치지 말고, 그것을 토대로 생각하고 상상하고 의사에 반영하면서 자기 머리라는 여과지로 한 번 걸러낸다.

그것이 계기가 되어 구체적인 행동으로까지 이어지면, 독서의 의미가 인생에 뚜렷이 드러난다. 혹여 행동으로 옮기지 못한다 해도 자기만의 방식으로 소화하고 받아들이는 것만으로 읽은 내용이 자기 안에 다르게 축적된다.

그러나 "자기 머리로 생각하며 읽으십시오" 하는 말을 들어도 당장에는 어떻게 해야 할지 난감할 것이다.

일단 처음에는 자신의 감상과 생각을 책과 종이에 적는 일부터 시작해본다.

이미 여러 번 언급했듯이 자기 의견을 책에 적어 넣거나 긍정적 혹은 부정적으로 생각하는 부분에 ○, ×를 달고 중요한 내용에 표시한다. 때로는 조금 비판적인 의견을 제시해보는 것도 좋다. 이렇게 자기 나름대로 반응해나가는 것은 수동적으로 받아들이기만 하는 독서에서 주체적인 독서로 옮겨가는 과정이다.

여기에 더해, 읽은 내용을 자기 생활에 맞춰 직접 실행해봄으로써 더욱 주체적인 독서로 나아갈 수 있다.

예를 들어 2016년에 출간한 졸저《기억하는 기술記憶する技術》에서 나는 잠자기 전 5분을 이용해 기억력을 높이는 방법을 소개했다. 이 방법을 읽고 '아, 그렇구나. 그런 방법도 있구나' 하고 지나가면 그걸로 끝이다. 그러나 '잠자기 전 5분 동안 뭘 할 수 있겠어?' 하고 불평만 하지 않고 직접 해볼 수도 있다.

해본 다음 '역시 불가능해' 하고 생각해도 상관없고, '계속하다 보면 효과가 있을 거야. 2, 3일만 더 해보자' 하고 결심해도 좋다.

자기 안에서 그렇게 다짐하고 행동했다면, 그 자체로 책을 통해 무언가 주체적으로 배운 것이다.

물론 행동으로까지 연결되지 않는다 해도 비판적으로 생각해보는 습관 자체만으로도 바람직하다. 책은 아무 생각 없이 읽기만 해서는 눈앞을 스쳐 가는 경치와 같다. '보았다' '읽었다'로 끝나버린다.

어떻게 하면 꿈을 이루어줄 양식으로 책을 자기 안에 남길 수 있을까? 이를 위해서는 책 속의 무엇에 주목하고 책을 어떻게 읽어야 할지 스스로 고민하며, 주체적으로 책을 받아들이는 태도가 중요하다.

3장

꿈을 이루는 책을
공부하는 방법

읽는 데 시간이 걸리는 책에 도전한다

나는 사법시험과 각종 시험에 합격하기 위해 열심히 공부하는 사람들을 거의 매일 만난다. 그런데 그중 스스로 공부가 서툴다고 말하는 사람들은 책을 별로 읽지 않는다는 공통점이 있다.

학원생들을 보면, 평소 꾸준히 책을 읽지 않은 사람은 읽기에 익숙해지기까지 다소 시간이 걸린다. 같은 교과서로 공부해도 책을 많이 읽은 사람에 비해 내용을 파악하고 이해하는 데 어느 정도 시간이 더 필요하다.

따라서 일단 책 읽는 능력을 갖추려면, 어쨌든 가능한 한 많이 읽어야 한다.

그것도 30분에서 한 시간이면 다 읽어버리는 **가벼운 책이 아니라 읽는 데 시간이 걸리는 책이 좋다.** 그렇게 해야 두뇌를 훈련할 수 있다. 다 읽는 데 여러 날이 걸리는 책을 추천한다.

최근에는 작고 가벼워 휴대하기 편한 문고판이나 신서판이 인기를 끌고 있다. 하지만 꼼꼼히 읽어도 신칸센 열차로 이동하는 동안 다 읽어버릴 만큼 쉬운 내용의 책들이 많다. 이런 책은 정보를 얻기에는 아주 편리하지만 두뇌를 단련하고 생각하는 훈련에는 적합하지 않다.

나는 고등학생 때 사상가 니토베 이나조 교수가 쓴 《무사도》를 처음 손에 들었다.

당시의 나에게는 어려웠는데, 몇 번씩 도전하는 사이 책에 푹 빠져들어 독파한 기억이 있다. 그때 나는 절대 칼을 뽑지 않는 무사의 고귀한 태도에서 무사도의 궁극이 평화라는 사실을 깨달았고, 젊은 시절에 느낀 그 강렬한 인상이 아직도 마음속에 남아 있다.

이처럼 책에서 무언가 얻고 싶다면, 때로 두뇌에 조금 부담을 주는 경험도 필요하다.

힘들게 읽은 책은
반드시 자신을 성장하게 한다

책 한 권을 며칠에 걸쳐 읽는 것의 장점은 어제 읽은 내용을 떠올려 오늘 읽어나갈 부분과 연결해야 한다는 데 있다.

'어제 읽은 부분은 어떤 내용이었지?' 하고 기억해내거나 읽은 내용을 자기 안에서 요약하는 훈련이 가능해진다.

전에 읽은 후 다시 읽기 시작할 때까지 시간의 공백이 있으므로, 다시 그 세계 안으로 들어가려면 일단 끊어진

부분을 잇는 작업에 머리를 써야 한다. 그런 과정에서 두뇌가 단련된다.

두뇌는 약간의 부담을 줄수록 점차 기능이 향상된다. 이를 위해서는 장편소설이나 난해하고 무거운 소설을 읽으면 좋다. 특히 고전이라 불리는 책 중에는 두껍고 읽는데 시간이 걸리는 책이 많은데, 힘들게 한 권을 다 읽고 나면 반드시 무언가 얻게 된다.

이는 과부하를 주어 근육을 단련하는 근력 운동과 같다. 독서도 두뇌에 120% 정도 부하를 걸어 독서력을 쭉늘릴 수 있다.

독서가 서툰 사람뿐 아니라 평소 독서를 좋아하는 사람도 꼭 실천해보길 바란다. 한두 시간 집중해서 읽었는데도 '아니, 스무 쪽밖에 읽지 못하다니!' 하고 놀랄 정도로 어려운 책에 도전해보자. **힘들게 읽은 책이 자신을 성장하게 한다.**

독서 애호가로 유명한 라이프넷생명 데구치 하루아키 회장은 "두꺼운 책 중에 형편없는 책은 거의 없다"라고 했다.

읽는 데 시간이 걸리는 책을 힘들여 끝까지 다 읽고 나면, 틀림없이 자기 안의 무언가가 바뀐다. 이를 믿고 어려운 책에 도전해보자.

빨리 읽기는
강력한 무기가 된다

"어떻게 책을 읽어야 할까요?" 간혹 학원생들에게 책 읽는 방법에 관한 질문을 받기도 한다. 그럴 때 나는 반드시 다음 세 가지 조언을 한다.

① 속도감 있게 읽는다.

② 요약하며 읽는다.

③ 저자가 다음에 할 말을 추리하며 읽는다.

이 세 가지를 의식하며 책을 읽으면, 활자에 다소 서툰 사람도 독서력이 부쩍 향상된다. 실제로 많은 학원생이 내 조언을 충실히 따라 사법시험에 합격했다. 지금부터 이 세 가지 방법에 관해 자세히 알아보자.

먼저 속도감 있게 읽는 것에 관해 생각해보자.

빨리 읽으면 읽을수록 물리적으로 많은 책을 읽을 수 있는 장점이 있다. 읽은 책의 양만큼 축적되는 지식의 양도 늘어난다. 게다가 빨리 읽으면 머리에 부담을 주어 두뇌 훈련도 된다. 시간을 정해놓고 가능한 한 빨리 읽는 연습을 해보자.

또한 속도감 있게 읽기는 업무나 일상생활에도 도움이 된다. 업무는 물론이고 일상생활에서도 항상 무언가 읽는 작업은 필수이기 때문이다.

자신이 법률 관련 실무에 종사한다고 가정해보자. 이 경우 많은 자료를 빨리 읽어야 하는 상황에 자주 직면하게 된다. 빨리 읽지 못하면 실무가로서 일을 해나가기가 매우 곤란하다. 총명한 두뇌와 뛰어난 창의력보다 일단 빨리 읽는 능력이 전제되어야 일을 할 수 있다.

예를 들어 재판에서 세간의 주목을 받는 판결이 나왔다. 실무가는 판결 내용을 즉시 이해한 뒤 재판소 앞에서 기다리는 지지자들과 언론사 기자들에게 '승소' 혹은 '부당판결' 등의 입장을 표명해야 한다. 판결이 나오고 약 30분 후에 기자회견을 열어 판결의 핵심을 설명하고 자신의 견해를 밝혀야 할 때도 있다.

특히 대법원 판결은 판결문도 상당히 길다. 그것을 30분 안에 읽고 이해한 뒤 "이것은 이제까지 나온 판결에서는 볼 수 없었던 법률 해석이다." "이 부분은 이번에 새로이 근거로 제시되었다" 등 핵심을 정확히 짚어내야 한다.

잘못된 해석을 내놓으면 큰일이므로, 엄청난 집중력을 발휘해 신속하게 판결문을 읽어야 한다. 그때의 긴장감은 무엇과도 비교할 수 없다.

물론 이것은 예시일 뿐 모든 사람이 법률 실무가는 아니다. 그러나 어떤 직업에 종사하든 혹은 어떤 상황에 부닥치든 빨리 읽는 능력은 틀림없이 자신에게 매우 강력한 무기가 된다.

요약하고
추리하며 읽는다

다음으로 책을 요약하며 읽기에 관해 알아보자.

책 내용이 좀처럼 이해되지 않을 때는 요약하며 읽는 것이 요점을 파악하는 가장 좋은 방법이다. 한 단락마다 '요컨대 저자가 하고 싶은 말이 무엇인가?'를 생각하며 읽는다.

이렇게 하면 아무리 두껍고 어려운 책도 순서대로 독파해나가며 충분히 이해할 수 있다.

또한 요약하기를 습관화하면 언제든 활자를 읽기가 매우 수월해진다.

평소에 신문이나 주간지, 짤막한 칼럼 등도 '요컨대 필자는 무슨 말을 하고 있나?' '결론적으로 이 식당은 맛있다는 말이군.' '여기는 추천하고 싶지 않은 거야' 하고 요점을 파악하며 읽게 된다.

'요컨대'는 그 글의 결론을 의미하므로, 늘 결론을 찾으며 읽는 방법이라고도 할 수 있다.

이렇게 책을 읽으면 '결국 이 책이 하고 싶은 말은 무엇인가?' 하는 결론을 마지막에 틀림없이 찾아낼 수 있다.

앞서 나는 책은 생각할 소재이며, 자기 생각을 깊게 하기 위해 책을 읽는다고 말했다. '내 의견은 달라.' '여기는 이렇게 생각하면 어떨까?' 하고 자기 나름대로 생각을 깊게 하기 위해서는 일단 저자가 하는 말을 제대로 이해해야 한다.

즉 '요컨대'를 의식해 내용을 확실히 이해하며 읽는 것은 그야말로 독서의 정공법이라 할 수 있다.

'요컨대'를 생각하며 읽을 수 있게 되면, 이제 마지막으로 추리하며 읽기에 유념한다. 이토학원에서는 항상 다음에 무엇이 적혀 있을지 추리하며 읽도록 장려한다.

교과서와 시험 문제뿐 아니라 신문 사설과 소설도 제목만 보고 '글쓴이가 어떤 결론에 도달할까?'를 추리한 뒤 읽는다.

그리고 자신의 추리나 추측이 실제와 전혀 다를 때는 그 차이를 즐기도록 한다.

타인은 자기 예측대로 움직이지 않는다. 이처럼 자신의 추측이 빗나가는 경험은 '나는 이렇게 생각하는데, 이 사람은 나와 생각이 다르구나' 하고 남과 자신의 차이를 이해하는 계기가 된다.

가까이에 있는 정보로 미래를 추론하거나 상대방의 생각을 예측하는 훈련을 하면, 법률 공부에는 물론이고 일반적인 업무와 실생활에도 도움이 된다. '이 투서에는 아마도 이런 요구가 숨겨져 있을 거야.' '이런 이메일을 보낸 진의는 바로 이거야.' 이런 식으로 상대가 처한 상황에서 생각해보는 일이 가능해지기 때문이다.

요약하고 추리하며 책을 읽으면, 업무와 공부에 도움이 될 뿐 아니라 책 읽기 자체가 더욱 즐거워진다.

덩어리 읽기로
전체를 대강 파악한다

나는 간혹 일 때문에 짧은 시간 동안 여러 권의 책을 동시에 읽어야 할 때가 있다.

직원에게서 "내일 이런 주제로 인터뷰가 있습니다. 관련 도서를 준비해놓았으니 내일까지 훑어봐 주세요" 하는 말을 들으면 순간 허둥지둥하게 된다. 이동하는 시간이나 일하는 짬짬이 맹렬한 속도로 한꺼번에 책을 읽어내야 하기 때문이다.

그럴 때는 짧은 시간 안에 신속하고 정확하게 내용을 이해하기 위해 두 줄에서 다섯 줄 정도를 한 번에 읽어내려 가는 방법을 사용한다. 이를테면 문장을 덩어리로 인식하는 감각이다.

물론 자신에게 사전 지식이 전혀 없는 새로운 분야의 책이라면 처음부터 한 줄씩 정성껏 읽어야 제대로 이해할 수 있다. 그러므로 이는 어디까지나 일정 수준 이상의 지식이 있거나 어느 정도 이해하는 분야의 책에 한정한다.

예를 들어 법률 관련 책은 나에게 익숙한 분야이므로, 우선 두 쪽을 펼쳐놓고 좌우 양면을 사선으로 죽 훑어본다. 눈에 띄는 단어나 핵심어가 없으면 다음 쪽으로 넘어가지만, 신경이 쓰이거나 중요하다고 생각되면 그 주변을 서너 줄씩 뭉텅이로 읽어내려 간다.

한 줄씩 정성껏 읽으면 시간이 오래 걸리고 내용도 금방 잊어버리기 쉽다. 그러나 과감하게 서너 줄씩 덩어리로 읽어내려 가면 다 읽은 뒤에 어쨌든 대강의 내용이 머릿속에 정리된다. 읽는다기보다 본다고 말하는 편이 더 정확한 표현인지도 모른다.

실제 사물을 볼 때도 세부를 자세히 살필 때와 전체를 대강 인식할 때가 있다. 이와 마찬가지로 독서를 할 때도 **이러한 대강 인식하기를 응용한다.** 처음에는 위화감을 느낄지도 모르나, 익숙해지면 서너 줄씩 덩어리로 읽어도 내용을 상당 부분 정확히 파악할 수 있어 놀랄 것이다.

개인에 따라 차이가 있지만, 덩어리 읽기를 실천하면 대략 30분에 책 한 권을 읽게 된다. 업무가 끝난 뒤부터 읽기 시작한다고 해도 서너 시간 안에 대여섯 권을 읽는 것이다.

바빠서 책 읽을 시간이 없는 사람은 덩어리 읽기를 꼭 시도해보길 바란다. 책을 빨리 읽는 것은 물론 내용도 의외로 머리에 잘 들어와 매우 유용하다.

접속사 '그러나'에
주목해 읽는다

짧은 시간 동안 속도감 있게 읽어야 하는데 마침 줄 바꿈이 많은 책이라면, 문장 첫머리가 있는 왼쪽을 보면서 접속사 '그러나'에 주목해 읽어나가기도 한다. **대부분 '그러나' 뒤에는 중요한 문장이 이어지기 때문이다.**

접속사는 문장과 문장을 이어주고, 두 문장의 관계를 보여주는 역할을 한다. '그러므로', '그래서', '그러자' 등 순접 접속사 뒤에 오는 문장은 앞 문장의 원인과 이유를 받아 결과를 말해준다. '비가 왔다. 그래서 우산을 들고 있었다.' 이처럼 쓴다.

한편 '그래도', '그러나', '그런데' 등 역접 접속사 뒤에 오는 문장은 앞 문장과 반대되는 결론을 말한다. '비가 왔다. 그러나 우산을 가지고 있지 않았다.' 이처럼 쓴다. 따라서 접속사만 봐도 이어질 문장이 어떤 내용인지 어느 정도 추측할 수 있다.

그중 내가 가장 주목하는 접속사는 '그러나'이다.

'그러나' 뒤에는 대부분 저자의 주장이 오기 때문이다. 특히 줄을 바꿔 새로 시작한 문장 앞에 '그러나'가 오면, 그 문장은 중요한 내용일 가능성이 크므로 눈여겨본다.

메이지대학의 사이토 다카시 교수가 쓴 《독서력》에는 줄을 바꿔 '그러나'로 시작하는 문장이 책 한 권을 통틀어 몇 군데밖에 없다. 그래서 그에 해당하는 부분만 골라 읽어도 저자의 문제의식을 이해하게 된다.

예를 들어 이 책에서 사이토 다카시 교수는, 젊은이들에게 책을 읽히고 싶은 마음은 훌륭하다 해도 "그러나 마음만으로 권한다고 해서 상대가 말을 들어주는 것은 아니다"라고 적고 있다. 또한 현대 사회는 자아 형성의 문제를 제대로 마주하기 힘들어졌는데 "그러나 자아 형성의 문제는 절대 피해갈 수 없다"라고도 말하고 있다. 이 문장에서 독서를 통한 성장을 촉구하는 저자의 문제의식이 엿보인다.

이처럼 시선을 책장 왼쪽으로 쏠리게 해 문장의 앞부분을 보면서 '그러나'가 있는 부분에 주목해 읽는 것이 요령이다.

최근에는 신서판이나 소프트 커버의 가벼운 책도 줄 바꿈이 많아졌다. 속도감 있게 책장을 홀홀 넘겨 책을 읽어야 할 때는 문장 첫머리인 책장의 왼쪽과 줄 바꾼 문장 앞의 접속사에 집중해 읽으면 좋다.

책 읽는 속도는 사람마다 제각각이어도 상관없다고 생각하나 간혹 필요에 의해 빨리 읽어야 할 때도 있다. 그럴 때는 앞에서 말한 덩어리 읽기나 지금 설명한 '그러나'에 주목해 읽는 방법이 책을 빠르게 소화하는 독서법으로 적합하다.

처음부터 순서대로 읽지 않아도 된다

나는 책을 읽을 때 가장 먼저 목차부터 훑어본다. 최근 출간되는 책들은 목차가 매우 구체적이어서 목차만 보고도 대강의 내용이 파악된다.

예를 들어 목차에 '지금 자위대에 들어가면 이득이다'라는 문장이 있으면 '저자는 이런 의견을 가진 사람이구나' 하고 바로 알 수 있다.

이렇게 죽 나열된 목차를 보면서 책에 담긴 전체적 인

상이 형성되고 나면 맺음말을 읽는다.

물론 책에 따라 다르겠지만, 머리말에는 대부분 문제 제기나 앞으로 책을 읽어나갈 독자의 흥미를 자극하는 내용이 담겨 있다. 그리고 정작 저자가 하고 싶은 말이나 결론, 주장은 맺음말에 적혀 있을 때가 많다.

목차로 전체상을 파악하고, 맺음말에서 결론과 주장을 대강 이해한 다음에는 저자 약력을 본다. '이런 주장을 하는 사람은 대체 누굴까?' 하고 저자의 경력과 배경을 알아보는 것이다.

여기까지 보고 책이 흥미롭게 느껴지면, 다시 처음으로 돌아가 머리말과 본문을 읽는다.

이것이 내가 책 한 권을 읽는 순서다. 정리하면, 먼저 목차를 훑어본다. 그리고 맺음말을 읽고 저자 약력을 본다. 책이 흥미롭게 느껴지면 머리말과 본문을 읽기 시작한다.

참고로 **본문을 읽을 때는 그 장의 첫 문장과 마지막 문장에 주목한다.**

특히 마지막 문장은 그 장을 요약정리하고 있는 경우가

많으므로, 좀 더 유심히 읽으며 중요한 내용을 놓치지 않

도록 주의한다.

제목을 골라 읽으며
단서를 발견한다

본문 사이사이에는 소제목이 있다. 소제목은 본문 내용
을 요약하고 있으므로 매우 요긴하게 활용된다. 소제목을
읽으면 '여기에는 이런 내용이 적혀 있구나' 하고 짐작할
수 있다.

예를 들어 나는 언론인으로 잘 알려진 후세 유진이 쓴
《경제적 징병제経済的徴兵制》를 읽으면서 '미국의 징병제'
라는 소제목을 보고 당연히 '이 장은 미국의 징병제도에

관해 적고 있구나' 하고 바로 알았다. 그리고 '경제 위기로 살아난 신병모집'이라는 소제목을 보면서 그 장의 내용을 예상해보았다. 소제목만 보고도 다양한 추측이 가능하다.

내용을 제대로 이해해야 할 때는 당연히 본문까지 꼼꼼히 살피지만, 대략 이 책이 무엇을 말하고 있는지 정도만 이해해도 괜찮다면 소제목을 골라 읽는 것으로 충분하다.

그리고 **그중 조금 신경이 쓰이거나 마음에 걸리는 부분이 있을 때는 그 부분만 주의 깊게 본문을 읽어내려 간다.** 만약 위 책에서 '매춘과 비슷한 가두모집' 같은 소제목을 발견하면, '무슨 말이지?' 하고 의아해할 사람이 많으리라 생각한다. 대충 상상은 가지만 어떤 내용인지 자세히 알고 싶다면, 그 장만 본문을 읽어보면 된다.

이런 방법으로 약 30분 안에 책 한 권을 읽을 수 있다. 나는 시간이 없을 때 이러한 소제목 골라 읽기로 책 한 권을 독파한다.

다만 이 방법에는 한 가지 주의점이 있다. 간혹 소제목과 본문 내용이 대응하지 않을 때가 있다. 단순히 눈길을 잡아끌기 위해 자극적인 소제목을 붙이는 책도 있기 때문이다.

따라서 어떤 책이든 처음에는 소제목 서너 개 분량의 본문을 읽어보기를 권한다. 그런 다음 소제목이 본문 내용을 제대로 요약하고 있다고 생각되면, 소제목 골라 읽기를 시도해도 좋다. 이처럼 책마다 소제목을 붙이는 규칙과 방식이 다르므로 주의가 필요하다.

구체적인 예와
주석을 눈여겨본다

책을 대강 훑어보더라도 **반드시 주목해야 할 부분이 구체적인 예와 숫자다. 더불어 주석도 가능한 한 주의 깊게 읽는다.**

저자가 제시하는 구체적인 예와 숫자, 이름과 장소가 그 책의 핵심이다. 따라서 밑줄을 치고 메모하거나 컴퓨터에 입력해둔다. 무엇보다 구체적인 예와 숫자가 있으면 글이 더욱 설득력 있어진다.

남들에게 설명할 때도 구체적인 예와 숫자를 제시하면 설득력이 높아져 쉽게 전달된다. 나도 가능한 한 글에 구체적인 예와 숫자를 넣으려고 하는데, 그것이 근거가 되어 결론에 힘이 실린다.

또한 유달리 주석이 많은 책도 있는데 주로 학술 서적이 여기에 해당한다.

책에 있는 주석은 일반적으로 덧붙이는 말이라는 인상이 강할지 모른다. 그러나 사실 주석이야말로 더 본질적이고 중요한 내용을 포함하고 있을 때가 많다. 특히 전문서의 경우에는 주석을 읽어야 책을 더 깊이 이해하게 되기도 한다.

읽기 귀찮아서 주석을 무심코 건너뛰는 사람도 있겠지만, 주석을 읽음으로써 책에 대해 더 구체적인 인상을 형성하거나 새롭게 깨닫는 부분이 생길 수도 있다.

이것은 자신이 저자가 되어보면 더 잘 알게 된다. 문장을 쓰다 보면 특정 단어를 더 깊이 파고들어 설명하고 싶은데, 문맥 속에 끼워 넣자니 글이 늘어지거나 지루해지지 않을까 싶어 주저하게 될 때가 있다. 바로 이때 주석을 넣어 설명하는 것이다.

저자가 이 책에 꼭 넣고 싶었던 내용이 주석에 담기기도 한다. 그렇지 않다면 왜 구태여 본문 가장자리의 여백이나 책 마지막에 주석을 위한 공간을 마련해두었겠는가. '왜 거기에 주석을 넣었을까?' 하는 의문이 든다면, 저자가 꼭 말하고 싶은 생각이나 정보가 있어서라고 이해하면 된다.

그러므로 책을 읽을 때는 본문을 읽으면서 주석도 함께 읽는다. 그래야 저자의 사고 과정과 흐름을 착실히 따라갈 수 있다.

주석은 절대로 덧거리가 아니며, 실제로 본질적인 내용을 포함하고 있다는 사실을 인식하고 유념해 읽어야 한다.

똑같은 책을 반복해 읽으면 무슨 일이 일어날까

경제학자이자 교육자인 고이즈미 신조 박사는 저서 《독서론》에서 "책은 어렵든 쉽든 상관없이 재독, 삼독해야 한다"라고 말했다.

한 번만 읽어서는 전체적인 구조를 이해하기 힘들다는 것이 이유다. 고이즈미 신조 박사는 책을 두세 번 읽었을 때 비로소 저자의 사상 전반과 각 장의 중요성을 이해하게 된다고 말한다.

서양에는 '반복은 학문의 어머니'라는 격언이 있다. 똑같은 책을 여러 번 반복해 읽으면서 자신의 사상과 사고방식이 점점 깊어진다.

나도 처음에 책을 읽으면서 표시해놓은 부분을 나중에 다시 읽어보고는 하는데, 단지 표시한 부분을 골라 읽는 것만으로도 '아, 그렇구나. 이 부분과 그 부분이 서로 관련되어 있구나' 하고 새롭게 깨닫고 감동한다.

책을 처음 읽을 때는 앞에서부터 일직선으로 죽 읽어나갈 뿐이다. 계속 새로운 내용과 맞닥뜨리며 그저 일방통행으로 나아갈 수밖에 없다. 책을 한 번 읽는 것은 마치 편도 열차표로 목적지에 도착하는 것과 같다.

그러나 앞에서부터 다시 한 번 읽으면 '여기는 뒤에 적힌 내용과 관련이 있어' 하고 지금 읽는 부분과 앞으로 나올 부분의 관련성이 눈에 들어온다.

다시 말해 **전후 관계와 체계, 일관성, 전체상 등을 인식해 저자가 하고 싶은 말을 더 명확히 이해하게 된다.** 이를테면 한 번 갔던 장소에 두 번째로 여행을 가면, 처음보다 목적지에 도착하기까지의 풍경과 상황이 눈에 훨씬 잘 들어와 여행을 더욱 알차게 즐길 수 있는 것과 같다.

더 나아가 세 번째로 읽으면, 이번에는 저자의 생각을 자신의 의식과 사상에 반영해 자기 안에 더욱 깊이 받아들이게 된다.

나도 중요한 책은 반드시 두세 번씩 읽는다. 그리고 읽을 때마다 새롭게 깨닫고 감동한다. 책을 읽은 뒤의 자신이 읽기 전의 자신과 다르다고 느낀다면, 그것은 자신이 독서를 통해 성장했기 때문이다.

단순히 지식을 머릿속에 넣는 것이 목적이면 한 번만 읽어도 충분하다. 그러나 자신이 성장하길 원한다면 중요한 책은 두세 번 읽어야 한다. 바로 어제 읽은 책도 오늘 다시 읽으면 또 다른 발견을 하게 된다. 훌륭한 저작은 몇 번을 읽어도 늘 배울 점이 있다.

지인 중에 똑같은 영화를 다섯 번씩 보는 사람이 있다. 볼 때마다 다른 관점으로 생각할 수 있어 매번 흥미롭다고 말한다. 공부도 그렇다. 똑같은 교재를 몇 번 반복해

복습하면, 자신의 부족한 부분을 보강할 수 있고 자신감도 생긴다. 새롭게 깨닫고 발견하는 재미를 느끼면서 공부에 대한 흥미도 늘어난다.

중요한 책은 몇 번을 읽어도 읽을 때마다 얻는 것이 있다.

천천히 깊게 파고드는 사람의 공부법

활자 매체인 책은 생각할 시간을 갖게 한다는 장점이 있다.

텔레비전과 라디오에서 흘러나오는 정보는 순식간에 사라져버린다. 반면에 책은 정보를 계속 붙잡아두고 있으므로 문장을 가만히 바라보거나 책장을 앞뒤로 넘겨보고, 여러 권을 동시에 늘어놓은 채 차분히 생각에 잠길 수 있다.

이러한 차분한 감각은 생각을 깊게 하는 데 매우 중요

하다.

책을 읽고 생각하는 것은 본래 매우 느린 속도의 작업이다. 종을 치면 소리가 울리듯 바로바로 대답하는 사람이나 두뇌 회전이 빠른 사람이 머리가 좋아 보이기 쉽지만, 사실 느리게 천천히 파고드는 사람이야말로 더 본질적인 것을 발견할 수 있다고 나는 생각한다.

내가 참여하는 '일인일표 실현 국민회의' 대표이자 평소 존경하는 변호사 마스나가 히데토시 선생은 그야말로 느리게 생각하는 유형의 인물이다. 마스나가 선생은 천재적인 두뇌 회전 속도와 기억력의 소유자다. 그런데도 선생은 항상 "나는 한 글자 한 글자 꼼꼼히 읽지 않으면 머리에 들어오지 않아" 하고 말하며 무엇이든 정말 천천히 정성스럽게 시간을 들여 읽는다.

예를 들어 재판이 끝난 직후 내가 기자회견 시간에 맞추려고 필사적으로 판결문을 읽고 있으면, 선생은 옆에서 침착하게 판결문을 정독한다. 마스나가 선생에게 기자회견 시간에 맞출 수 있는지 없는지는 전혀 중요하지 않다.

만약 자신이 기자회견 시간에 늦어 기자들이 다 가버렸다면 기자들이 급했던 것일 뿐, 정말 중요한 것은 판결 내용과 그에 대한 변호인 측의 견해라고 생각한다.

내 목적이 기자회견에 늦지 않는 것인데 반해, 마스나가 선생은 본질에 대한 탐구를 가장 우선시하는 것이다. 나와 목적의식과 목표 설정 자체가 완전히 다르다. 이럴 때 나는 거물은 역시 다르다고 생각하게 된다. 마스나가 선생을 보고 있으면, 머리가 좋은지 나쁜지 혹은 능력이 있는지 없는지가 문장을 읽는 속도와 비례하지는 않는다고 절실히 느낀다.

그러므로 책은 상황에 따라 자신에게 맞는 방법으로 읽으면 된다. 다만 부득이 빨리 읽어야 할 상황에 대비해 속도감 있게 읽는 훈련을 해두면 좋다.

생각해보면 지성은 두 종류로 나눌 수 있을지도 모르겠다. 첫째는 늘 요령 좋게 일을 척척 처리하는 지성이며, 둘째는 무언가를 끈기 있게 착실히 탐구하거나 서로 다른 것을 연관 지어 새로운 무언가를 창조해내는 지성이다.

어느 쪽이 우수하다기보다 서로 성질이 다를 뿐이다. 그중 독서는 천천히 깊게 본질을 파고드는 후자의 지성을 단련하는 방법이기도 하다. 책은 생각의 깊이를 더하고 인간의 본질을 이해하는 가장 훌륭한 수단이다.

우수한 사람은
복합 시점을 지니고 있다

나는 모든 공부의 기본은 책이라고 생각한다.

애초에 책 읽는 문화가 없었다면 인류는 이렇게까지 진보하지 못했을 것이다. 아주 먼 옛날부터 공부는 책 읽는 행위 자체였다.

시대를 거슬러 올라가면, 일본의 에도시대에는 데라코야(에도시대의 서민교육기관)나 번(일종의 지방 정부)의 학교에서 중국 고전을 읽는 것이 공부의 중심이었다. 또한 유럽에서는 일반적으로 귀족의 자제들이 학교에 가지 않고 가정교사와 함께 책을 읽었다고 한다.

인간은 모두 제각각이라서 사람마다 필요로 하는 것이 다르다.

각자 자신에게 필요하고 자신이 원하는 것을 배울 수 있다면, 그것이야말로 진정한 교육이자 배움이라고 생각한다. 그래서 나는 무엇보다 독서가 중요하다고 강하게 주장하고 싶다.

작가 무라카미 하루키는 수필집 《직업으로서의 소설가》에서 어릴 적 자신은 책을 무척 좋아하는 소년이었지만, 부모에게서 "책 같은 거 읽지 말고 시험공부나 해"라는 말은 한 번도 들어본 적이 없다고 말한다.

이처럼 학교에서 좋은 성적을 거두기 위한 공부뿐 아니라 독서 교육도 소중히 해야 한다.

평소 나는 우수한 사람은 복합 시점을 지니고 있다고 생각해왔다.

복합 시점을 지닌 사람은 자기 생각을 자세히 파고들어

심화해나가는 동시에 다양한 시점에서 상대화해 본다. 즉 자신과 '다른 생각', '별개의 시점'이 있다는 사실을 이해하고, 자기 생각을 다른 많은 생각 중 하나로 객관화할 줄 안다. 나는 이런 사람이야말로 정말 똑똑한 사람이라고 생각한다.

단순히 자기 혼자서만 생각을 계속 파고들다 보면 자칫 독선적으로 될 우려가 있다. 그러나 책을 통해 동서고금을 막론한 모든 시대와 지역, 사람의 다양한 사고방식과 삶의 방식을 접하면, 자신을 상대화해 생각을 심화하고 발전해나가는 발판을 마련하게 된다.

자신과 다르게 생각하는 사람을 부정하거나 무시하지 않는 사람, 다양성을 이해하는 사람이야말로 진정 우수한 사람이다.

독서는 복합 시점을 지니고 다양성을 인정할 줄 아는 인간이 되기 위한 가장 효과적인 수단이다. 책은 생각할 소재 그 자체다. 이처럼 풍부하고 저렴하고 편리하며, 다양성으로 가득한 소재가 또 있을까.

4장

책을 좀 더 제대로
즐기는 방법

자기 방에서 선 채로
책을 읽는다

평소 책과 친하지 않은 사람도 앞으로는 자신이 독서에
서툴다는 인식을 걷어내고 책을 제대로 활용하게 되기를
바란다. 그리고 좀 더 독서를 즐길 수 있으면 좋겠다. 이
를 위해 이 장에서는 평소 내가 책을 읽는 요령과 학원생
들에게 해주는 조언을 소개하려 한다.

먼저 '읽고 싶은 책이 계속 쌓여가기만 한다.' '바빠서
책 읽을 여유가 없다' 하는 사람에게는 서서 읽기를 추천

한다.

나는 사무실에서 자주 선 채로 책을 읽는다. 내 사무실에는 언젠가 읽으려고 사서 그대로 내버려 둔 책이 한가득 쌓여 있다.

낮에는 주로 외출해 있으므로 사무실에 돌아와 쉴 여유가 없지만, 밤에 겨우 돌아왔을 때 가장 먼저 눈에 들어오는 것이 읽지 않고 산더미처럼 쌓여 있는 이 책들이다.

그러면 그냥 그대로 멈춰 서서 책장을 훌훌 넘기며 읽기 시작한다. 책상과 의자가 있는데도 굳이 선 채로 읽는다. 서서 읽는 편이 머리가 잘 돌아가고 짧은 시간 동안 집중해 읽을 수 있다고 생각하기 때문이다.

매일 독서 시간을 충분히 확보하기란 대부분 사람에게 쉽지 않다. 아무래도 하루하루 일과에 쫓기다 보면, 항상 짧은 시간 안에 책을 읽어야 한다.

만약 '이제 10분 뒤에 나가봐야 해' 하는 상황이라면, 나는 회사 안을 걸어 다니면서 10분 동안 집중해 책을 읽는다. 또한 전철을 기다리는 잠깐의 시간도 허투루 보내고 싶지 않아서 역 구내 서점으로 달려가 눈에 띄는 책을 구입해 그대로 승강장에 서서 읽거나 전철 안 손잡이에 매달려 자료가 될 책을 맹렬한 속도로 읽어내려 간다. 시간이 제한되어 있는 편이 오히려 집중력이 높아진다.

이렇게 평소 서서 책을 읽는 습관이 몸에 배어 있어 사무실에 있을 때도 자주 서서 책을 읽는다.

돌이켜보면 나는 사법시험을 준비하던 당시에도 서서 책을 읽거나 걸어 다니면서 공부하고는 했다. 공부할 시간이 충분하지 않아 걸어 다니는 시간조차 아까웠던 것이다. 다만 요즘으로 치면 길을 걸으면서 스마트폰을 보는 것과 비슷해 큰 사고로 이어질 수 있으니 주의가 필요하다.

이처럼 길을 걸으며 읽기는 장소에 따라서는 매우 위험하므로 절대로 권하지 않으나, 서서 읽기는 집중력이 요구될 때 꼭 시도해보기를 추천한다.

독서가 즐거워지는
홀로 질문하기

독서가 서툰 사람 중에는 '독서는 어렵다.' '독서는 공부다'라는 선입관이 있는 사람이 많은 듯하다. 그러나 책 읽기는 영화를 보거나 음악을 들을 때와 같은 감각으로 즐기면 된다.

영화를 보고 감동하거나 음악을 듣고 마음이 조금 움직이듯 책을 읽고 무언가 마음에 여운이 남는다면 그것으로 충분하다.

성장이란 어제보다 오늘 더 나은 자신으로 조금 변했다고 생각하는 것이다. 어제보다 조금 더 실력이 나아지거나 어제보다 조금 더 삶의 고통을 이해하게 되었다면 훌륭히 성장하고 있다는 증거다.

영화나 음악을 즐기듯 기분 좋게 책을 즐기며 성장하면 된다. 책을 읽고 두뇌가 발달하거나 공부를 잘하게 될 필요는 없다.

다만 책은 언어를 사용한다는 점에서 영화나 음악과 차이가 있다.

선율과 영상에 빠져들 듯 언어의 세계에 푹 잠길 수 있는 사람이라면 상관없지만, 그렇게까지 언어에 빠져들지 못하거나 다소 저항감마저 느끼는 사람은 책을 즐기기 위해 저자와 대화해보는 것도 좋은 방법이다.

책 읽기는 서툴지만 회화라면 자신 있다는 사람도 있을지 모른다. 그런 사람은 그야말로 수다를 떤다는 가벼운 마음으로 저자와 대화하면 좋다.

그렇다면 저자와는 어떻게 대화할 수 있을까?

나는 '홀로 질문하기'를 추천한다.

책을 읽으면서 '이거 정말이야?' '그럴 리 없어.' '나는 그렇게 생각하지 않아.' '왜 이 사람은 이렇게 말할까?' 등등 끊임없이 질문을 던진다. 앞서 2장에서 책과 대화하라고 적었는데, 그것과 마찬가지다.

홀로 질문해도 대화 상대인 책에서는 아무런 반응도 돌아오지 않는다고 생각할지 모르지만, 아직 그렇게 단정하기는 이르다. 책에 관해 질문한 뒤 잠시 읽다 보면, 그에 대한 답이 나오고는 한다.

좋은 책은 독자가 궁금해하는 부분에 관해 반드시 어떤 형태로든 대답해준다.

물론 저자에게 직접 편지하거나 강연회에 참석해 질문하는 등 실제로 대화하는 것도 좋지만, 그렇게 하지 않아도 홀로 질문하기만으로 충분히 대화를 즐길 수 있다.

더욱이 책의 매력은 동서고금을 막론하고 시대와 국경, 민족을 초월해 모든 저자와 대화할 수 있다는 데 있다.

예를 들어 고대 로마인과 실제로 대화하려면 타임머신

이라도 타야 가능한데, 애초에 라틴어를 할 줄 모르면 아무 소용이 없다. 그러나 책이라면 고대 로마인이 쓴 책이 우리 나라 말로 제대로 번역되어 나와 있다. 고대 그리스의 대표적인 철학자 소크라테스의 말이 적힌 책을 읽으며 그에게 직접 질문하는 것도 책에서만 느낄 수 있는 묘미가 아닐까.

소크라테스와 니체, 셰익스피어 등 전 세계 위인들에게 계속해서 질문을 던져보자. 독서가 훨씬 흥미로워질 것이다.

현관에 책을 몇 권씩 올려두는 습관을 들인다

외출할 때 휴대전화는 잊어도 책은 꼭 들고 나간다는 사람은 많지 않을 것이다. 나는 평소 책을 들고 다니는 습관이 있어, 외출할 때는 어떤 책이든 반드시 가방에 챙겨 넣는다.

특히 이동 시간이 긴 장거리 출장을 갈 때는 책을 몇 권 가져가지 않으면 불안해진다. 열차를 기다리는 승강장에서나 잠깐 이동하는 틈새 시간에도 어김없이 책을 꺼내

든다.

예를 들어 도쿄 시부야에 위치한 이토학원 근처의 시부야역에서 신칸센으로 갈아탈 수 있는 시나가와역까지는 시간으로 치면 전철로 고작 10분 남짓 걸리는 거리다. 그러나 10분이면 생각보다 많은 분량의 책을 읽을 수 있다. 그래서 나는 그런 자투리 시간에도 전철 안에서 꼭 책을 읽는다.

이렇게 책을 가지고 다니는 습관이 없는 사람은 집 현관에 책을 놓아두면 좋다. 이때 책을 한 종류만 두지 말고, 그날그날 기분에 맞춰 골라 읽을 수 있도록 몇 권 정도 준비해둔다. 실제로 책을 좋아하는 사람은 현관과 침대 옆, 거실 등 집 안 곳곳에 읽다 만 책을 놓아둔다.

현관에 책을 놓는 것이 무슨 소용이 있냐고 생각하는 사람도 있을지 모른다. 그러나 **보이는 곳이나 손이 닿기 쉬운 장소에 책을 두면 습관이 바뀐다.** 마음의 저항을 없애기 위한 사소한 발상이 중요하다.

나는 보통 네다섯 권 정도를 병행해서 읽으므로, 가지

고 나가는 책도 한 권이 아니라 몇 권이 될 때가 자주 있다. 책 한 권을 다 읽고 다음 책으로 넘어가는 것이 아니라 그때그때 기분에 따라 이 책 저 책을 조금씩 읽는다.

언제라도 바로 책을 읽을 수 있도록 가방에도 신경을 쓴다. 책을 쉽게 꺼낼 수 있게 바깥쪽에 주머니가 달린 가방을 선택한다. 가방 바깥쪽 주머니에 책을 넣으면, 일부러 가방 속을 뒤져 책을 꺼내는 수고를 덜 수 있다.

업무상 꼭 읽어야 하는 책을 제외하고는 어떤 책이든 한 권을 단숨에 다 읽어야 하는 것은 아니다. 좋아하는 책의 마음에 드는 부분을 읽고 싶은 만큼만 읽는다. 책은 그렇게 가벼운 마음으로 읽어도 좋다.

어쨌든 잠깐이라도 시간이 나면 스마트폰을 보는 대신 책을 읽자. 그런 습관이 책과 친해지는 데 도움이 된다.

다양한 장소에서
책과 마주한다

"책을 주로 어디에서 사나요?" 하는 질문을 받을 때가
있다.

나는 온라인서점도 자주 이용하고, 번화가의 대형서점
이나 역 구내 서점에도 종종 들른다.

무언가 한 가지 주제를 공부하고 싶을 때는 먼저 온라
인서점에서 검색해본 뒤 같은 주제의 책을 모아서 산다.
앞에서도 이야기했듯 20~30권을 한꺼번에 살 때도 있다.

게다가 외출했을 때, 예를 들어 열차가 도착하기 전이나 공연이 시작하기 전 잠깐 비는 시간이 생기면 곧장 서점으로 달려간다. 나는 별다른 목적 없이 서점 안을 어슬렁어슬렁 돌아보는 것을 좋아한다. '요즘엔 어떤 책이 있는지 볼까?' '어디 재미있는 책 없나?' 하고 이것저것 들추어 보며 그 시간과 공간을 즐긴다.

내가 서점에서 가장 먼저 보는 것은 베스트셀러와 비즈니스 서적이다. 여기를 대강 둘러본 뒤에는 문고와 신서(일종의 문고판으로 일본에서는 주로 인문, 사회, 과학 분야 등을 다룬 교양서적이 많이 출간된다) 구역으로 간다. 특히 신서 구역에는 매월 새로운 책이 많이 나오므로, 책표지만 보고 있어도 즐거워진다. 그리고 내 전문 분야인 법률과 헌법 관련 구역도 죽 훑어본다.

시간의 여유가 있을 때는 자신과 별로 관련 없는 분야의 책을 살펴본다. 법률과는 무관한 육아, 요리 등 실용서적이나 우주, 생명과학 구역에도 가본다. 취미로 즐기는 철도 관련 책은 물론이고 비행기와 선박 관련 책도 찾아

본다. 그리고 흥미와 관심을 끄는 책이 있으면 그 자리에서 충동구매한다.

이동하는 도중이라면 사진집 등 크고 무거운 책은 짐이 되므로, 그럴 때는 책 제목을 메모해 온라인으로 바로 주문하고 나중에 택배로 받는다.

어쨌든 단 몇 분이라도 시간을 내서 자주 서점에 들른다. 책에 둘러싸여 있는 시간이 좋다. 옷을 좋아하는 사람이 옷가게에 가듯 항상 책이 있는 장소에 가면, 책에 점점 더 흥미가 생기는 선순환이 이루어진다.

책을 가까이하는 것은 책을 좋아하게 되는 확실한 방법이다.

책 읽는 시간을
특별하게 연출한다

책을 읽는 자세에도 여러 가지가 있다.

등을 반듯이 펴고 읽어야 하는 책도 있고, 축 늘어진 채 뒹굴뒹굴하며 읽는 책도 있다. 책 읽는 자세의 차이도 책을 즐기는 방법의 하나다.

저자와 일대일로 진지하게 마주하고 책을 읽을 때는 억지로 정좌할 필요까지는 없으나 되도록 등을 곧게 펴고 읽는다. 한편 어떤 책은 커피잔을 옆에 두고 소파에 몸을 기댄 채 느긋하게 읽어도 상관없다.

책에 따라서는 가끔 새로운 방식을 시도해도 재미있을 것이다. 예를 들어 일부러 호텔 라운지나 커피숍에서 한 껏 무게를 잡고 책을 읽어보면 어떨까.

토요일 오전에 브런치 등을 먹으며 한 시간만이라도 책 읽는 시간을 가져보는 것도 좋다. 처음에 커피 한 잔을 마 시며 한 시간 정도 책을 읽은 뒤 브런치를 주문해 먹으면, 자기만의 특별한 시간을 보낼 수 있다. 한껏 여유로운 자 신을 연출해보자.

그리고 그렇게 책을 읽는 자신에게 '좀 멋지군' 하고 도 취해보는 것도 좋다. 독서의 본질에서 벗어나는 방법일지 도 모르지만, 자신이 만족하고 행복해지기 위한 독서법의 하나가 될 수도 있다.

도쿄에 살고 있다면, 다이칸야마의 츠타야 서점(일명 '라 이프스타일을 파는 서점'으로 불린다. 독특한 분위기와 여유로운 공간에서 책과 음악 등을 즐길 수 있는 새로운 형식의 오프라인 서 점으로, 2013년 이후 줄곧 일본 오프라인 서점 매출 1위를 기록하고 있다)같이 조금 특별한 장소에서 책을 사 읽어도 좋다.
마음에 드는 찻집도 괜찮다. 후줄근한 차림이 아닌 말끔
하게 멋을 낸 모습으로 책을 읽는 특별한 시간을 보낸다
면, 이 또한 행복이 아니겠는가.

독서는 팽팽하게 긴장된 상태에서만 해야 할 필요가 없
다. 저자와 대화하며 정신을 바짝 차리고 읽어야 하는 책
도 있는가 하면, 책에 따라서는 다양한 방식을 취해도 상
관없다.

책을 읽는 시간을 일상의 일부로 만드는 것도 중요하
지만, 무언가 특별한 방법으로 자신에게 소중하고 행복한
시간이 되도록 연출한다면 독서가 훨씬 즐거워지리라 생
각한다.

자기 안의 스위치를 전환하는
의식을 치른다

책을 읽을 때 자기만의 의식을 치르는 방법도 추천한다.

이토학원에서는 강의를 시작하기 전에 반드시 스마트폰 전원을 끄는 것이 규칙인데, 이 역시 자기 안의 스위치를 전환하는 의식이다. 이외에도 공부하기 전 세수하기나 책상 앞에 바른 자세로 앉기 등의 규칙을 정해놓는 사람도 있다.

책을 읽을 때도 자기 나름의 의식을 치르거나 규칙을

정해놓으면 좋다.

예를 들어 출근하거나 등교할 때는 전철에서 스마트폰으로 뉴스를 보거나 이메일을 확인한다고 해도, 귀가하는 전철에서는 책을 읽기로 정해놓는다. 잠자기 30분 전부터는 스마트폰을 보지 않고 책을 읽기로 정할 수도 있다.

나는 책을 읽기 전에 클래식을 배경음악으로 튼다. 바로크 음악의 조용한 선율을 들으면 책을 읽기 위한 스위치가 켜진다. 아무 소리도 들리지 않는 너무 조용한 환경에서는 오히려 마음이 진정되지 않는다.

내 지인 중에는 "전철 안에서 책이 가장 잘 읽혀" 하고 말하는 사람이 있다. 윙윙 울리는 거리의 소음이 오히려 독서에 도움을 준다고 한다.

스위치는 사람마다 제각각이므로, 자신에게 맞는 의식이 무엇인지 꼭 찾아보길 바란다.

책 읽는 시간을 만들기 위해 할 일

책 읽는 시간은 의식하지 않으면 충분히 확보하기 힘들다. 해야 할 일과 일상에 쫓겨 어영부영 하루를 보내기 일쑤다. 뉴스와 SNS를 확인하고 게임만 조금 했을 뿐인데 눈 깜짝할 사이에 시간이 훌쩍 지나 있다.

주위를 둘러봐도 스마트폰에 시간을 허비하는 사람이 너무 많다는 생각이 든다. 그 시간을 공부하는 데 사용하면 대체 얼마큼의 시간이 생길까?

예전만 해도 사법시험에 합격하면 "아침에 한 시간 일찍 일어났습니다." "밤에 평소보다 일찍 귀가해 공부했습니다." "친구와 만나는 대신 그 시간을 공부하는 데 투자했습니다" 하고 말하는 사람이 많았지만 지금은 다르다. "스마트폰 보는 시간을 줄이고 공부해 합격했습니다" 하고 말하는 사람이 늘고 있다.

스마트폰을 만지작거리는 자투리 시간만 모아도 순식간에 소중한 시간이 만들어진다.

너무 엄격하다고 생각할지 모르지만, 자신이 정말 하고 싶은 일이 있고 이루고 싶은 꿈이 있다면 불필요한 습관은 끊어버려야 한다.

이렇게 말하는 나도 트위터와 페이스북을 처음 접했을 때는 스마트폰을 자주 들여다봤다. 빈번히 글을 올리고 신경이 쓰이는 댓글에 일일이 답변을 달아주거나 했다. 모처럼 내 글에 반응해준 사람에게 고마운 마음이 들었기 때문이다.

그런데 SNS를 시작한 후로 책 읽는 시간이 점점 줄어들

었고, 일이 끝난 뒤에도 장장 몇 시간을 컴퓨터 앞에서 보내는 날들이 이어졌다.

SNS를 하기보다 자기 머리로 생각하고 책을 읽는 편이 좋겠다고 생각해, 지금은 트위터와 페이스북을 전혀 하지 않는다.

시간 낭비 없이 효율적으로 활용할 수 있는 사람이라면 SNS가 문제 되지 않겠지만, 나처럼 시간을 제대로 관리하지 못하는 사람은 어딘가에서 끊어낼 필요가 있다.

꿈을 이루기 위해 단호히 자기 시간을 확보하고 착실히 앞으로 나아갈 것인가, 아니면 눈앞의 인간관계와 욕망을 우선할 것인가. 결정은 자신에게 달려 있다.

다양한 사람의 감상을 접할 수 있는
독서회에 참석한다

책은 똑같이 읽어도 사람마다 느끼는 방식이 모두 다르다는 점이 재미있다. 따라서 자신이 읽은 책을 다른 사람은 어떻게 받아들였는지 들어보는 것도 흥미로운 시도다. 현재 자신의 시점이나 관점이 다른 사람의 그것과 어떻게 다른지 알아봄으로써 세계의 폭이 넓어지고, 이것이 자기성장으로 이어진다.

책을 읽고 무엇을 어떻게 느낄지는 그 사람의 경험과

가치관, 평소의 관심사에 따라 달라진다. 그 차이는 '좋다, 나쁘다'로 구분할 수 없으므로, 자신이 느끼는 방식이 다른 사람과 다르더라도 이해력이 부족하다고 자책할 필요는 전혀 없다.

오히려 다양한 감상을 접하면, 서로 자극을 받아 다 같이 성장하는 계기가 된다. 그런 의미에서 여러 사람의 관점을 들을 수 있는 좋은 기회인 독서회를 추천한다.

학원생들과 다른 젊은이들에게도 독서회를 추천하고 싶지만, 일부러 독서회를 여는 것이 번거로운 사람은 친구들에게 자신이 읽은 책을 추천하고 감상을 듣기만 해도 좋다.

다만 이때 한 가지 주의할 사항은 자신이 재미있게 읽은 책을 상대가 재미없다고 말해도 실망하지 말아야 한다는 것이다. 특히 부모와 자녀, 직장 상사와 부하 등 위계질서가 분명한 관계에서는 윗사람이 아랫사람에게 책을 추천한 뒤 "이 책의 진정한 재미를 모르는 거야?" "전혀 이해하지 못했군" 하고 상대를 업신여기는 태도로 감상을 강요할 우려가 있다. 이는 바람직하지 않으니 주의해야 한다.

그보다는 "오호, 그렇게 생각할 수도 있겠군." "재미를 느끼는 지점이 나와 다르군" 하고 말하는 식으로 책을 받아들이는 방식의 차이를 즐기며, 서로를 더 깊이 이해하는 것이 중요하다.

또한 서평에 담긴 날카로운 분석은 책을 편집적으로 파고드는 전문가의 견해이므로 자신과 느끼는 방식이 당연히 다를 수밖에 없다. 자신과 다른 감상이나 의견을 절대로 부정적으로 받아들이지 않도록 한다. 오히려 그것이 자연스럽고 당연하며, 그래야 더 즐겁다고 생각하면 된다.

이렇게 다양한 감상과 의견을 즐길 수 있게 되면 인간관계도 깊어진다. 독서는 인간관계를 성숙하게 하는 효과적인 수단이다.

독서는 다음의 세 가지 방식으로 인간관계를 깊고 성숙하게 만들어준다.

첫째, 저자와 나누는 대화다. 저자와 자신을 이어주는

종적 관계를 통해 인간에 대한 이해가 깊어진다.

둘째, 주변 사람과 나누는 대화다. 책을 읽고 서로 감상을 이야기하는 횡적 관계를 통해 주변 사람과의 연결이 끈끈해진다. '이 사람은 이런 사고방식을 지니고 있구나' 하고 새롭게 깨달아 이제까지보다 서로를 더 잘 이해하게 된다.

마지막으로 자기 내면과 나누는 대화다. 책을 읽으면서 감동하고 생각하고 마음이 움직이는 경험은 '나는 이런 것에 감동하는구나.' '내가 이런 부분에도 흥미가 있었네' 하고 자신을 발견하는 계기가 된다.

책을 통해 종횡무진으로 관계를 구축하면, 인간을 더욱 다면적으로 이해하게 되어 인간관계가 더 풍부해진다.

순식간에 현실에서 도피하게 해줄 책을 준비한다

나에게 일이나 공부와 관련된 책 읽기는 생각할 소재를 찾거나 정보를 얻기 위한 목적이 강해서 '읽는다'는 인상이 별로 없다. 책을 읽는다기보다 활용할 만한 내용을 '찾는다'에 가깝다.

한편 오락이나 즐거움을 위해 읽는 책도 있다. 좋아하는 해양소설과 추리소설, 역사소설 등은 그야말로 가슴 설레며 읽는다. 범선 시대를 특히 좋아해서 영국의 해양소설 등을 읽으면 그 세계에 빠져들어 정신없이 탐독한다.

이렇게 취미로 읽는 책은 편히 쉬거나 머리를 비우고 현실에서 도피하기에 안성맞춤이다.

온종일 생각만 하고 있으면, 그 생각으로 머리가 가득 차버린다. 지나치게 많이 생각한 탓에 머리가 과열되어 지쳐 쓰러지기도 한다. 가끔은 자기 머리로 생각하고 싶지 않을 때도 있다.

그럴 때 현실에서 도피할 수 있는 책이 있으면, 완벽한 별세계로 들어가 자신을 회복시킬 수 있다.

나는 머리를 비우고 읽기에 제격인 추리소설과 해양소설을 무척 좋아해 자주 읽었다. 그리고 이 책들은 완전히 지쳐버린 내 머리와 마음을 치유해주었다.

앞서 책을 읽는 것은 타인의 머리와 자기 머리를 연결하는 작업이라고 말했는데, 때로는 타인의 머리만으로 자기 머리를 가득 채워 부질없는 생각은 할 여지조차 남겨두지 않을 필요도 있다.

꿈을 이루기 위해서는 일과 공부를 위해 읽는 책뿐 아

니라 이렇게 즐거움을 위한 책, 자신을 위로해주는 책도 필요하다고 생각한다. 특히 오락적인 책은 꿈속에서 놀게 해준다는 점에서 본래의 꿈을 뒷받침하는 데도 도움이 된다.

아무리 그래도 고작 만 원가량의 책 한 권으로 이렇게 다양한 경험을 할 수 있다니, 정말 멋지지 않은가. 만 원을 어디로 갔는지도 모르게 헛되이 사용할 것인가, 아니면 만 원으로 꿈을 이루기 위한 책 한 권을 살 것인가. 그 차이는 생각보다 크다.

꿈을 이루려면
건강하고 튼튼해지자

여담이 될지도 모르지만, 여기서는 내가 예전부터 중요하게 생각해오던 것에 관해 이야기해보려 한다. 바로 독서와 체력의 관계다. 독서와 체력은 언뜻 관계가 없어 보이지만, 나는 책을 꾸준히 읽기 위해서는 어느 정도 체력이 필요하다고 생각한다.

하루의 대부분 시간을 컴퓨터 앞에서 보내는 사람 중에는 업무가 끝난 뒤 달리기를 하거나 피트니스센터에 다니는 사람이 많다고 들었다. 일과 공부를 지속하고 싶다면 이처럼 체력은 필수다. 두뇌를 사용하거나 정신을 강하게 단련하기 위해서는 기초 체력이 필요하다.

최신 뇌과학 연구에 따르면, 머리와 몸과 마음은 경계가 그다지 뚜렷하지 않다고 한다. 육체가 건강하고 튼튼해야 뇌가 활발히 작동하고, 정신력도 강하게 유지된다.

그러므로 책을 많이 읽고 정보를 흡수하고 싶다면, 체력도 잘 관리해야 한다.

머리 쓰는 일을 하는 사람은 자신도 모르는 사이에 신체적 건강과 체력의 중요성을 잊기 쉽다. 부끄럽지만 나도 예전에 '운동은 무릎이 아파서 오히려 손해야' 하고 생각할 정도로 운동을 등한시했는데, 최근 들어 운동의 중요성을 절실히 느낀다.

내 주된 업무는 이토학원에서의 강의다. 그 외에 외부로 강연을 나가거나 변호사로서 재판에 참여하기도 한다.

그중 아무리 힘들어도 학원 강의만큼은 쉬지 못한다. 강의는 한 번에 세 시간씩 진행하고, 선 채로 끊임없이 말한다. 젊을 때는 토요일도 없이 매일 하루에 여섯 시간 혹은 아홉 시간을 계속 서서 강의하기도 했다. 강의는 배 속에서부터 목소리를 내야 하므로, 극한의 복식 호흡을 계속하게 된다. 그래서 강의가 끝난 뒤에는 그야말로 녹초가 된다.

이런 식으로 나도 모르는 사이에 체력을 단련한 것이 20년 넘게 이토학원에서 강의를 지속할 수 있었던 이유인지도 모른다.

'꿈을 이루고 싶다.' '무언가 끝까지 해내고 싶다' 하고 생각한다면 체력은 필수다.

역경과 고난을 만나도 굴하지 않는 강인한 의지로 목표를 이루기 위해서는 자기 의지를 뒷받침해줄 건강하고 튼튼한 몸이 필요하다. 꿈을 이루기 위한 강한 바람과 의지도 건강한 몸이 바탕이 된다는 사실을 기억하고, 기초 체력 다지기를 소홀히 하지 말아야 한다.

자신이 원하는 대로
당당하고 자유롭게 읽는다

책을 읽어도 무슨 내용인지 모르겠다거나 제대로 이해하지 못하겠다는 고민을 자주 듣는다.

이런 사람에게는 앞서 소개한 '요컨대'를 생각하며 읽는 방법을 추천하는데, 때로 책이 너무 난해하거나 독자가 아직 활자에 익숙하지 않은 경우에는 '무슨 의미인지 전혀 모르겠어.' '결국 이 저자는 무슨 말을 하고 싶은 거지?' '본질이 대체 뭘까?' 하고 여전히 괴로워한다.

또한 서평 등을 읽었는데 자신과 전혀 다르게 이해하고 있다면 '나는 그렇게까지 깊이 이해하지 못했는데' 하고 주눅이 들기도 한다. 책을 읽어도 자신이 제대로 이해하고 있는지 불안하다는 목소리가 적지 않다.

그런데 사실 이는 모두 불필요한 걱정이다.

결론부터 말하면, 모든 책은 자기 나름의 방식으로 이해해도 괜찮다. 독서에 정답은 없다.

고바야시 히데오가 이런 일화를 소개한 적이 있다. 언젠가 딸이 그에게 국어 시험 문제를 들고 와 "잘 이해할 수 없는 문장이에요" 하고 말했다고 한다.

아닌 게 아니라 읽어보니 정말 악문惡文이었다. **고바야시 히데오는 딸에게 "이런 문장은 의미를 모르겠다고 써도 괜찮아"** 하고 대답했는데, 사실 이 문제 속 문장은 고바야시 히데오의 책에서 가져온 문장, 즉 자신이 쓴 문장이었다고 한다.

고바야시 히데오는 《독서에 관하여》에서 이렇게 적었다. "30년이나 글을 쓰다 보면 꽤 많은 문장이 내 의지와는 상관없이 완성된다. 이렇게 표현하는 이유는 그간의 경험에서 내가 쓴 문장만큼 내 마음대로 하지 못하는 것도 없다는 사실을 확실히 배웠기 때문이다."

자신이 만든 문장은 자기 마음대로 할 수 없다. 다시 말해, 문장은 독자가 어떻게 받아들이느냐에 따라서 전혀 다르게 읽히고 이해된다.

독서라는 행위는 소설이든 철학서든 비즈니스 서적이든 관계없이 독자가 작품을 자유롭게 읽고 이해하는 수밖에 없다. 저자가 '이렇게 읽어라.' '이렇게 느껴라' 하고 강요할 수 없고, 그럴 방법도 없다.

책은 쓰는 순간 저자의 손을 떠나 독자의 자유로운 의사에 맡겨진다. 책은 쓴다고 완성되지 않는다. 독자의 손에 도착해야 마침내 독자 자신에 의해 완성된다고 할 수 있다.

저자가 발신한 정보를 독자가 어떻게 받아들이고 해석할지가 문제다. 이처럼 독자가 존재할 때 비로소 독서는 완성된다. 이때 사람마다 이해하는 방법은 당연히 다르며, 그 방법에 옳고 그름은 정해져 있지 않다.

독자는 저자가 무엇을 말하고 싶은지 자유롭게 상상하고 해석한다. 책은 독자에게 읽힐 것을 전제로 출판된다. 그러므로 책을 손에 든 사람이 자기 나름대로 책을 완성하면 된다.

공을 던지기만 해서는 아무런 의미가 없다. 받아주는 사람이 있어야 캐치볼이 가능하다.

독자는 저자가 작품을 완성하고 자아를 실현하는 데 협력하고 있다고 말해도 좋다. 그렇게 의식하고 책을 읽으면, 독자도 작가와 대등한 위치에서 작품에 관여하는 즐거움을 경험하게 된다. 이 작품을 완성하는 것은 자신이므로, 어떻게 읽든 상관없고 자신이 원하는 대로 무엇이든 느낀다. 이렇게 생각하면 책에 대한 장벽이 낮아져, 좀 더 자유롭게 책을 읽게 된다.

독자가 자기 경험과 사상에 맞게 책을 읽고 이해하면서 그 책을 완성하면 그만이므로, 혹여 서평이나 비평과 다르게 이해했다고 해도 전혀 걱정할 필요가 없다.

고바야시 히데오는《독서에 관하여》에서 "누구든 문장의 매력을 이해하려면, 이른바 자기 내부에 있는 어떤 감각 같은 것에 기댈 수밖에 없다" 하고 말한다.

이처럼 일본을 대표하는 평론가 고바야시 히데오도 자기 감각으로 자유롭게 읽어도 좋다고 보증하고 있다.

누가 무슨 말을 하든 자기에게 맞도록 해석하면 그것으로 충분하다. 좀 더 자유롭게 책을 읽어도 괜찮다.

5장

꿈을 이루는
독서

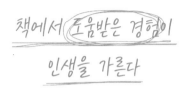

책에서 도움받은 경험이 인생을 가른다

우리는 인생에서 종종 장벽에 부딪쳐 좌절하거나 밑바닥으로 추락할 때가 있다.

그럴 때 근본적으로 자신을 지탱해주는 힘은 넓고 얇은 SNS 속 관계가 아니라 인간의 본질에 더 다가선 것, 이를테면 책과 깊은 인간관계가 아닐까 생각한다.

스스로 인생을 돌아봐도, 힘들 때 자신에게 가장 큰 힘이 되어주고 자신을 다시 일으켜 세워준 것은 책이었다.

인생의 갈림길에서 고뇌하던 시기에 내가 읽었던 책 한 권은 소설가 요시카와 에이지의 《삼국지》였다. 이 책을 읽는 동안은 별세계에 몰두해 괴로운 일을 모두 잊을 수 있었다. 인생의 장대한 드라마를 통해 자신을 객관적으로 보는 계기도 되었다.

유대인이었던 정신의학자 빅터 프랭클 박사가 아우슈비츠 수용소에서 경험한 일을 쓴 《밤과 안개》와 러시아의 대문호 레프 톨스토이의 《전쟁과 평화》를 읽으면서는 '지금 내가 이런 사소한 일로 고민할 때가 아니지. 절망의 구렁에 직면했을 때야말로 인간의 진가가 발휘되는 법이야' 하고 자신을 다독였다.

또한 20대 때 처음 읽은 로버트 슐러 목사의 《신념의 열쇠》는 나에게 '하면 된다'는 용기를 북돋워준다는 의미에서 늘 곁에 두고 보는 책이다.

책은 인생의 다양한 국면에서 나를 구하고 지지해주었다.

인생의 괴로움에 직면했을 때, 이를 극복할 수 있는지

는 책에서 도움받은 경험의 여부에 달렸다고 생각한다.

사람은 경험하지 않은 일을 이해하기 힘들다. 책은 우리가 다양한 경험을 하게 해준다.

책을 읽고 도움을 받거나 행복한 경험을 하면, 책을 더 많이 읽는 선순환으로 이어진다. 지금까지 책을 읽어오면서 경험한 이점이 독서 습관을 만든다고 생각한다.

책 한 권이 인생을 바꾼다.

누군가는 자살을 결심했다가 책 한 권 덕분에 마음을 바로잡았다는 이야기를 들은 적이 있다. 책을 읽는 사람은 우울증에 더 강하다는 의학적 근거도 밝혀졌다고 한다. 책에서 구원받거나 자신이 달라진 경험을 한 사람은 많다.

독서로 자신이 달라지는 행복을 부디 모두 함께 경험하기를 바란다.

책의 의미는
'그때의 자신'이 어땠는지에 달렸다

    똑같은 책이라도 책을 읽는 연령과 당시 자신의 고민, 경험, 지식에 따라 받아들이는 방식이 달라진다. 언제, 어느 시기에 책을 읽는지에 따라 같은 책이 예전에 읽었을 때와는 전혀 다른 의미로 다가온다.

    나는 고등학생 때 고대 그리스의 철학자이자 소크라테스의 제자인 플라톤이 쓴 《소크라테스의 변명》을 처음 읽었다. 당시 수업에서 철학자 한 명을 정해 발표할 기회가 있었는데, 내가 선택한 사람이 소크라테스였다.

왜 소크라테스를 선택했는가. 그 계기를 설명하려면, 내가 중학교 2학년 때 아버지가 부임해 간 독일에서 혼자 일본으로 귀국하던 때로 거슬러 올라간다.

나는 일본으로 돌아오는 중간에 아테네에 들러 올림피아 고대 유적을 관광할 예정이었는데, 착각해 목적지가 다른 버스에 올라타고 말았다. 그래서 우연히 도착한 곳이 델포이 유적지였다. 그곳은 소크라테스의 델포이 신탁으로 유명한 장소다.

의도치 않게 위대한 철학자 소크라테스와 관련 있는 곳을 방문한 것이 인연이 되어, 윤리·사회 수업에서 자연스럽게 소크라테스를 선택하게 되었다.

그러나 아직 고등학생이었던 내게《소크라테스의 변명》은 그리 감동적인 책이 아니었다.

억울하게 죄를 뒤집어쓰고 감옥에 갇힌 소크라테스는 결국 재판에서 사형 선고를 받고 "악법도 법이다"라는 말을 남긴 채 법원의 판결에 따라 독약을 마시고 세상을 떠

났다. 당시 나는 이러한 삶의 방식을 납득하지 못했다. '이렇게 위대한 철학자에게 사형 판결을 내리다니, 아테네 시민은 정말 멍청하군' 하고 생각했을 정도다.

그 후 사법시험 공부를 하면서 "모르는 것을 안다고 믿는 인간보다 모르는 것을 모른다고 자각하는 인간이 현명하다"는 소크라테스의 말에 깊은 감명을 받았다.

그리고 첫 번째 시험에 떨어져 낙담하고 있을 때, 우연히 사후 세계에 관한 소크라테스의 생각이 기록된 글을 읽고 머릿속이 번뜩였다. 그리고 깨달았다. '시험에는 자신이 아는 문제와 모르는 문제 두 종류만 나온다.' 그야말로 나에게는 대발견이었다.

모르는 문제에 대처하는 방법만 익히면 틀림없이 합격할 수 있다는 간단한 원리를 발견한 것이었다. 덕분에 나는 무사히 사법시험에 합격했다. 그리고 이것은 이후 수험 지도를 하는 데 있어 핵심적인 사고방식이 되었다.

성공하든 실패하든
우리는 모두 행복하다

그 후에도 나는 가끔 《소크라테스의 변명》을 읽었다. 반복해서 읽고 또 읽었다.

세월이 흘러 한창 일할 나이가 되었을 무렵에는 "죽음은 인간이 받을 수 있는 축복 중 최고의 축복이다"라는 말이 마음에 들어와 박혔다.

소크라테스에 따르면, 만약 죽어서 자신이 아무것도 되지 않는다면 고민하거나 생각하는 데서 벗어날 수 있으므로 이보다 더한 축복은 없다. 반대로 만약 사후 세계가 있다면, 그곳에서 먼저 죽은 헤시오도스나 호메로스 등과 자유롭게 토론할 수 있으니 이 역시 축복이다.

죽는 것은 조금도 불행이 아니며, '삶과 죽음은 같다'는 진리를 말하고 있는 것이다.

이를 깨달으면 시험에 합격하든 불합격하든, 성공하든 실패하든 결국 모두가 행복이고 동일한 가치를 지닌다는 사실을 이해하게 된다.

예를 들어 사법시험에 합격했다고 해서 반드시 행복해진다고 할 수 없고, 불합격했다고 해서 불행해지는 것도 아니다. 합격하든 불합격하든 걱정할 필요가 없다.

나는 학원생들을 지도하면서 '합격과 불합격이 동일한 가치를 지닌다'는 사실을 실감했고, 이를 자신 있게 말할 수 있다.

《소크라테스의 변명》이 가르쳐준
삶과 죽음의 의미

나는 올해로 쉰아홉이 되었다.

요즘 들어 가까운 사람들이 하나둘 세상을 떠나가고 점차 죽음을 의식하게 되면서 소크라테스가 남긴 마지막 말이 가슴에 절실히 와닿는다.

소크라테스는 재판에서 사형을 선고받은 뒤 최후 변론에서 이렇게 말했다.

"이제 떠날 때가 되었다. 나는 죽기 위해, 여러분은 살기 위해 간다. 그러나 우리 중 어느 쪽이 더 나은 운명을 맞이할지 신 말고는 아무도 모른다."

요컨대 소크라테스는 삶과 죽음의 가치는 동일하므로 죽음을 무서워할 필요가 없다고 말하고 있다. 이제 곧 죽을지도 모른다거나 앞으로 조금밖에 살지 못한다거나 하는 일에 일희일비해도 의미가 없다.

어느 정도 나이가 들어《소크라테스의 변명》을 읽으니, 현재를 열심히 살면 삶도 죽음도 똑같이 행복할 수 있다는 진리가 보인다.

이처럼 **인생에서 책 한 권을 여러 번 반복해 읽으면, 읽을 때마다 다르게 느끼게 된다.**

같은 책이라도 받아들이는 사람의 성장 정도와 문제의식, 안고 있는 과제 등에 따라 읽고 이해하는 내용이 완전히 달라진다.

그야말로 책은 거울과 같다. 거울에 비친 자신을 보고 현재의 자기 모습을 알 수 있듯, 자신이 책에서 무엇을 느끼고 이해하는지로 현재의 자기 상태를 알 수 있다.

책은 연령과 성장 정도에 따라 읽는 방법이 다르다.

이것은 책을 읽고 무엇을 깨닫는가는 물론이고, 그러한 깨달음을 얻기에 적절한 시기가 언제인가도 사람마다 제각각이라는 의미다. 그러니 혹시 지금 자신이 책을 읽고 있지 않더라도 조급해할 필요는 없다. 아직 독서하기에 적절한 때를 만나지 못했을 뿐인지도 모른다.

자기 내면이 다듬어지고, 사고방식과 가치관과 자기 나름의 기준이 형성되면서 책의 의미와 책에서 얻는 깨달음도 조금씩 달라진다.

고등학생 때 처음《소크라테스의 변명》을 읽은 후로 지금까지 이 책이 나에게 주는 의미는 계속 바뀌어왔다. 자기 성장에 맞춰 책의 의미도 변해간다.

흐르는 눈물을 멈출 수 없었던
한 권의 책

   지금 내 옆에는 가집 한 권이 있다. 일찍이 학도병이었던 와타베 료조 씨가 쓴 《가집—작은 저항歌集 小さな抵抗》이다.

   여기에서 소개할 내용은 너무 강렬하므로 읽기 힘든 사람은 이 부분만 건너뛰고 읽어도 상관없다. 그만큼 마음을 동요하게 하는 내용이다.

   나는 잡지 《세계》(일본의 인문교양 출판사 이와나미쇼텐에서 발간하는 종합 월간지)의 2015년 9월호에 실린 한 기사에서 이 가집의 존재를 처음 알았다. 니혼대학 대학원 교수이자 법학자인 아리카와 쓰네마사 선생의 논문 〈'개인의 존엄'과 9조〉가 계기였다.

이 논문을 읽고, 흐르는 눈물을 주체할 수 없었다.

내용을 간략히 소개하면 다음과 같다.

《가집―작은 저항》의 저자 와타베 료조 씨는 전후에 국가 공무원이 되었고, 퇴직 후 고희를 넘겨 이 가집을 발간하기로 결심했다.

가집에는 와타베 료조 씨가 신병일 때 실제 군대 훈련에서 겪은 처참한 경험이 기록되어 있다. 그것은 포로를 학살하는 훈련이었다.

연습으로 살인할 줄은 몰랐도다

떠도는 소문이 진실이구나

1944년의 어느 봄날, 와타베 씨가 소속된 부대에서 그

훈련이 시행되었다. 신병들이 차례로 나가 총검으로 포로를 찔러 죽이는 훈련이었다.

떨어진 곳에서 총으로 사람을 쏘아 죽이는 것이 아니었다. 자기 손으로 살아 있는 인간의 몸을 총검으로 쑤셔 죽여야 했다.

사실 와타베 씨는 독실한 기독교 신자였다. 전우들은 누구 하나 상관의 명령을 거스르지 않고 순서대로 나가 줄에 묶인 포로를 찔러 죽였다. 마침내 와타베 씨의 순서가 왔다.

주저하는 와타베 씨에게 하늘에서 목소리가 들려왔다.

울려 퍼지는 위대한 자의 목소리 들려온다
'학살을 거부하고 생명을 내어놓아라'

와타베 씨는 학살을 거부했다.

여기서부터 어떻게 되었을지는 쉽게 상상할 수 있다. 상관의 명령을 거스른 와타베 씨에게는 가혹한 제재가 가해졌다. 그러나 와타베 씨의 괴로움은 그러한 육체적 아픔 때문이 아니었다.

"그때 나는 스스로 명령을 거부했을 뿐, 왜 나무에 묶인 포로들 앞으로 나아가 그들을 죽이면 안 된다고 교관과 동료를 설득하지 않았는가"

와타베 씨는 그 일을 일생에 걸쳐 후회했다.

당시 상황에서 분명 그것은 어려운 일이었다. 신병이 상관의 명령을 거스른 것만도 기적인데, 하물며 포로 앞을 가로막고 서서 "죽이면 안 됩니다!" 하고 외치는 일이 가능할 리 없었다. 그런데도 와타베 씨는 '왜 나는 그것을 막지 못했는가' 하고 끊임없이 자책했다.

전쟁은 사람이 죽는 현장이다. 죽임을 당하기보다 죽여야 한다는 명제가 지배한다. 서슴없이 사람을 죽여야 한다. 그렇게 몸과 마음이 잔혹하게 찢겨나간다. 그것이 전쟁이다.

전쟁이 끝난 뒤에도 상상을 뛰어넘는 그때의 참혹함과 후회를 마음속에 계속 간직한 채 살아온 한 사람의 양심에 나는 가슴이 뭉클했다.

와타베 씨의 가집에 수록된 노래를 하나하나 읽을 때마다 '어떤 생각으로 이 노래를 지었을까?' 하고 그 고통을 상상하면 아무 말도 나오지 않는다. 그리고 싸움이 끝나고도 전 생애에 걸쳐 인간을 끝없이 고통스럽게 하는 전쟁은 절대로 일어나서는 안 된다고 확신한다.

나는 이 논문을 아리카와 쓰네마사 선생과 출판사의 승낙을 얻어, 이토학원 학원생들에게 복사해 나누어 주었다.

마침 학원생들은 와타베 씨가 징병으로 끌려가던 때와 비슷한 연령대다. 나는 좀 더 많은 사람이 저자의 생각을 이해하고 평화에 관심을 기울여주기를 간절히 바랐다.

책에는 사람의 영혼을 뒤흔드는 힘이 있다. 남에게 생각을 전파하는 힘도 있다. 나는 단 한 권의 책, 단 한 줄의 문장이 더 나은 미래를 만들 수 있다고 믿는다.

성장은 자기 안의 무엇이
변하는 것이다

사람은 타인을 통해서만 자신을 알 수 있다. 타인은 자신의 거울이다. 사람은 거울이 없으면 자신의 존재를 알 방법이 없다.

책 읽기는 저자라는 타인을 통해, 다시 말해 거울을 통해 자신을 알아가는 일이다.

저자의 삶에 대한 태도와 가치관, 생각과 마주함으로써 무언가 느끼고 생각한다. '나는 이렇게 이해했다.' '이런 것을 느꼈다' 하고 깨달을 때 자신이라는 인간을 인식할 수 있다.

그때의 자신은 책을 읽기 전, 즉 저자라는 타인과 마주하기 전의 자신과 완전히 다른 사람이다. 책을 읽기 전보다 아주 조금 너그러워지거나 약간 더 깊이 생각하게 되고, 때로는 매사를 더 힘들다고 느끼게 될지도 모른다.

책을 읽고 저자와 만나면서 자기 안의 무엇이 바뀐다. 나는 그것을 성장이라고 불러도 좋으리라 생각한다.

성장은 이성과 지성과 감정이 점점 풍부해지는 것이다.

책을 읽고 무언가 느끼는 것은 책을 읽기 전보다 아주 조금이지만 분명히 이성과 지성과 감정을 풍부하게 하는 데 도움이 된다. 설령 자신이 느낀 감정이 괴로움이나 슬픔일지라도, 혹은 '책을 읽을수록 점점 더 모르겠어'라며 불가해한 느낌이 들지라도 자기 안에서 무언가 변화를 느끼는 일 자체가 성장이다.

인생에서는 가능한 한 희로애락의 진폭을 작게 하고 아무것도 느끼지 않는 편이 편할 때가 있다. 그러나 나는 그것은 성장이 아니라 단지 눈속임에 능한 것일 뿐이라고 생각한다.

진정한 성장은 전보다 깊은 슬픔과 괴로움을 경험해도 이를 극복할 힘을 익히는 것이다.

책을 읽고 어제보다 오늘 조금 달라진 점이 있다면, 자신은 훌륭히 성장하고 있다고 믿어도 된다. 이런 작은 변화가 쌓이고 쌓여, 곤란한 일도 거뜬히 극복해내는 자신으로 성장해간다.

이처럼 자신을 성장하게 하는 책이야말로 '꿈을 이루는 책'이다.

물질은 유한하나
영혼은 무한하다

시인 오사다 히로시를 아는가. 오사다 히로시의 시집
《세계는 한 권의 책世界は一冊の本》에 이런 문장이 있다.

　인간은 한 구의 시체를 짊어진

　작은 영혼일 뿐이다

　　　　　　　　　　－〈친구의 죽음〉에서

나는 이 시를 읽고 마음이 동요했다.

나라는 인간의 몸은 영혼이 없어지면 한 구의 시체에 지나지 않는다.

내가 나로서 존재하는 의미는 그 시체에 영혼이 깃들어 있기 때문이다.

나를 나답게 하는 것은 영혼이다. 그러므로 영혼을 끊임없이 단련해야 한다. 여기에서 나는 영혼이야말로 내 본질이라는 사실을 깨달았다.

오사다 히로시의 시집을 읽으며 많은 생각을 했다.

육체는 유한하나 영혼은 무한하다. 육체는 아무리 단련해도 물질이므로 한계가 있다. 단단한 근육질의 몸을 원하는 사람도 근육을 무한정 단련할 수는 없다.

물질은 유한하고 끝이 있다. 그러나 영혼은 무한하다.

인간의 생각과 정신은 시대와 공간을 뛰어넘어 어디로든 날아가고 퍼져나간다. 심지어 자신이 죽은 뒤에도 자기 생각은 자손과 후세 사람들에게 전해질 것이다.

영혼은 무한하므로 끝없이 성장해나간다. 그러면 영혼

을 어떻게 단련하고 성장시켜나갈까? 그것이야말로 육체가 멸해 시체가 되기까지 인간의 삶에서 수행해야 할 중요한 과제다.

독서는 영혼을 단련한다. 영혼을 단련하는 것은 자신과의 대화나 타인과의 대화를 깊게 하는 일이기 때문이다.

사람은 책을 통해 자기 내면과 마주하고 저자와 대화하며 자신을 성장시켜나간다.

나 자신을 돌아봐도 내 마음을 길러준 것 중 하나는 책이 분명하다. 나는 책을 읽었기 때문에 스스로 생각하고 성장할 수 있었다고 믿는다.

독서는 2차원 정보를
3차원 혹은 4차원 정보로
바꾸는 작업

인간은 시각과 청각으로 들어온 정보를 토대로 상상력을 발휘해 자기 머릿속에서 하나의 세계를 창조하는 유일한 동물이다. 이처럼 외부에서 받아들인 정보를 머릿속에서 변환하고 생각하는 작업을 지적 활동이라고 하며, 인간이 인간다운 이유는 이러한 지적 활동을 할 수 있기 때문이다.

그중에서도 특히 문자는 자기 머리로 생각하거나 변환

하는 작업량이 많다. 영상이나 그림, 음악과 같이 이미지가 바로 들어오는 정보와 달리, 문자는 일단 머릿속에서 기호를 읽어낸 다음 의미로 변환하는 과정을 거쳐야 한다.

이는 말할 것도 없이 고도로 지적인 작업이다.

게다가 책 속의 정보는 머리에서 문자를 순서대로 읽고 이해해나가므로, 일렬로 늘어선 정보를 차례로 따라가게 된다. 요컨대 2차원의 직선적인 정보다. 이것을 머릿속에서 3차원의 입체적 이미지로 변환하거나 시간과 공간을 뛰어넘어 4차원적으로 바꿔나가는 일은 인간만이 할 수 있다.

반대로 말하면, 이런 과정을 통해 머리가 단련된다. 책을 많이 읽는 사람은 머리와 내면을 성장시킬 기회가 그만큼 많아진다.

나는 영상과 음악보다 책에서 얻는 정보의 영향력이 더 크다고 느낀다.

예를 들어 영상 정보는 잘라낸 일부분만 볼 수 있다. 광대한 사막의 모습이 비쳐도 그것은 카메라 앵글에 잡힌

극히 일부분에 불과하다.

그러나 문자로 적으면, 자신이 상상하는 대로 얼마든지 이미지를 확장해나갈 수 있다. 색채, 형태, 크기, 시간……무엇을 상상하든 자유다. 그야말로 무한대로 상상을 펼쳐나갈 수 있다.

나도 최근 유행하는 유튜브 등의 비디오 영상을 활용할 때가 있고 이를 부정하지 않지만, 영상에는 문자처럼 일렬로 늘어선 기호를 의미로 변환하는 등의 어렵고 자극적인 공정이 생략되어 있다. 즉 머리와 마음에 가해지는 부담이 다르다.

따라서 그만큼 편하지만 자극이 없다. 자극이 없는 곳에서는 감동과 지적 호기심도 생기지 않는다.

과연 책에서 얻은 문자 정보로 입체적인 세계를 구축해가는 기쁨에 비견할 만한 것이 또 무엇이 있을까.

인간은 온갖 곳에서 받아들인 정보를 자기 머릿속에서 생각해 재구성하고, 때에 따라서는 외부로 결과물을 내놓아 살아가는 생물이다. 그러한 지적 활동을 뒷받침하기에

가장 알맞은 수단이 책이다. 책으로 머리와 마음이 단련
된다.

정신력을 강하게 단련해 자기 금맥을 찾자

책에서 최종적으로 얻게 되는 것은 '강한 정신력'이 아닐까?

인간은 자신에 관해 다 아는 듯 보여도 사실 전혀 알지 못한다. 자신에게 무엇이 어울리는지, 자신의 적성과 재능도 잘 모르는 사람이 많다.

작가 무라카미 하루키는 사람의 재능은 유전이나 금맥과 같아서 아무리 풍부한 재능이 있어도 발굴해내지 않으면 언제까지나 땅속 깊이 잠들어 있을 뿐이라고 말했다.

파묻힌 금맥, 다시 말해 꿈을 발견하려면 '여기를 파자'
하고 결심한 뒤 실제 삽을 들고 파 내려가야 한다. 그리고
이때는 아무리 단단한 암반에 부딪쳐도 중도에 절대 포기
하지 않는 강한 정신력이 요구된다.

이토학원에는 장래 법률가와 공무원을 목표로 하는 수
험생들이 모여 있다. 그런데 학원생 중 자신이 법률가에
어울리는지 어떤지 처음부터 아는 사람은 별로 없다. 그
러나 일단 시작해서 자기 안을 파 내려가 '이런 것이 있구
나' 하고 발견하는 과정을 거치지 않으면, 자신이 나아갈
길이 어느 쪽인지 확실히 알기가 어렵다.

물론 중도에 틀림없이 이런저런 유혹과 좌절을 경험할
것이다.

'여기에는 아무것도 없을지 몰라.' '내가 갈 길이 이쪽이
맞나?' 하고 불안해질지도 모른다.

그러나 강한 정신력으로 자신을 믿고 계속 파 내려가는
사람만이 마침내 금맥에 다다른다.

책은 좌절했을 때 자신을 격려하고 어떻게 어려움을 헤쳐나갈지 실마리를 제공해준다. 따라서 그때그때의 고민과 괴로움에 적합한 다양한 책을 읽고 곤란을 극복할 수 있다.

나는 진정으로 책에서 구원받은 경험이 있다. 애초에 나는 부정적으로 사고하는 인간이었으므로, 그것을 긍정적인 사고로 바꿔 좌절한 마음을 일으켜 세우기 위해서는 어떤 종류의 훈련이 필요했다.

그래서 애써 많은 책을 읽고 생각할 소재를 흡수하며 정신을 단련해나갔다. 이러한 훈련을 통해 자신을 완성할 수 있었다고 믿는다.

처음부터 자기 역할을 제대로 아는 사람은 드물다. 여러 가지 경험을 하면서 자신이 해야 할 일을 발견하게 된다. 가끔은 금맥을 바로 코앞에 두고 좌절하기도 한다.

꿈이 크면 클수록 시작도 안 해보고 괜히 주저주저하거나, 자신에게 어울리지 않는다며 삽을 들기도 전에 물러나는 사람이 적지 않다.

그렇게 되지 않도록, 나는 시작하는 사람들에게 처음

발을 내디딜 기회와 꾸준히 파 내려갈 계기를 마련해주고

싶다.

책은 생각하기 위한 소재다

책을 읽는 목적은 무엇일까? 오락과 기분 전환을 위해 책을 읽는 사람도 있고, 지식과 정보를 얻기 위해 책을 읽는 사람도 있다. 내가 책을 읽는 첫 번째 목적은 이제까지 계속 반복해서 이야기했듯 생각을 깊게 하기 위해서다.

나도 물론 오락과 기분 전환을 위해 혹은 지식과 정보를 얻기 위해 책을 읽을 때가 있다. 그러나 **첫 번째 목적은 더 생각하고 싶어서다. 생각하기 위해 지식과 정보가**

필요한 것이므로, 어디까지나 주체는 생각하는 데 있다.

생각하려면 어느 정도 전제가 될 지식이 필요하다. 그래서 책을 읽는다. 책을 읽는 첫 번째 목적이 지식을 얻는 데 있지 않고, 생각할 소재의 전제가 될 지식을 모으는 데 있다.

평소 나는 책에서 얻은 지식을 남에게 그대로 전달할 기회가 별로 없을 뿐 아니라, 그런 전달 방식이 의미 있다고 느끼지도 않는다. 예를 들어 잡학 같은 지식을 잔뜩 익히고 그것을 그대로 남 앞에 내보이며 분위기를 띄울 기회가 내게는 거의 없다.

또한 책에 헌법 등 법률 관련 지식이 적혀 있을 때는 군이 내가 설명하지 않아도 직접 자신이 그 책을 읽어보면 그만이라고 생각한다. 내가 할 일은 책에 적힌 내용을 그대로 옮겨 전달하는 것이 아니라, 적힌 내용을 토대로 스스로 생각을 덧붙이거나 내용을 수정해 나만의 결과물을 내놓는 것이다.

그러므로 나에게 책은 늘 생각할 소재다.

반드시 읽어야 할 교과서와 참고서는 물론이고, 가볍게 손에 든 자기계발서, 재미로 읽는 소설 등 모든 책이 생각할 소재이므로, '여기는 어째서 재미있었나?' '이 부분은 무슨 의미인가?' 하고 관심 있게 살피며 읽는다.

저자의 다른 작품을 읽고 '이 사람은 어떤 생각을 하는 걸까?' 하고 고민해보거나, 동시대의 다른 작가가 쓴 책을 찾아보며 '같은 시대를 살아도 서로 다른 관점을 취하고 있지는 않을까?' 하고 흥미를 느낄 때도 있다.

이렇게 작품 하나를 읽어도 그 내용과 저자, 시대 배경 등 다양한 부분에 흥미와 관심을 기울이고 생각을 발전시켜나가면, 매사 입체적으로 깊이 생각하게 된다.

책을 통해 복합 시점을 갖는 것이 가능하다. 다양한 책을 읽고 서로 다른 처지에 있는 사람들의 사고방식과 감각을 접하면, 자기 생각이 다방면으로 더욱 깊어질 것이다.

인생은 가치 있는 헛된 노력으로 이루어진다

책은 생각하기 위한 소재이므로 읽은 후의 결과물을 의식하면서 읽지만, 반드시 결과물을 만들 수 있는 것은 아니다. 아무런 결과물을 만들어내지 못하거나 무언가 생각하지 못하면, 그 독서는 아무런 의미도 없는 걸까? 절대 그렇지 않다.

책을 읽고 자신이 무언가 생각하거나 '좋다', '굉장하다', '어렵다', '불쌍하다' 같은 감정을 느끼고 하물며 눈물까지

흘린 적이 있다면, 그것만으로도 저자와 멋지게 대화한 것이다.

예컨대 '아, 좋았다'라는 생각을 어떤 결과물로 만들어 내지 못해도 그것과 자신이 책을 읽고 달라진 사실은 별개의 문제다.

사법시험도 법률을 잘 아는 사람이 합격 답안을 작성하느냐 하면, 그것은 별개의 문제다. 어려운 철학서를 쓰는 사람만 인생을 논할 수 있느냐고 묻는다면, 이 역시 그렇지 않다. 모두 각자의 인생을 깊이 생각하며 자신만의 철학을 한다. 그것만으로 소중한 경험이다.

심지어 나는 읽은 내용을 결과물로 내놓기는커녕 시간이 지나면서 잊어버려도 그마저 괜찮다고 생각한다. 독서의 목적은 절대 공부에만 있지 않으므로, 읽은 내용을 제대로 기억해야 한다거나 잊지 말아야 한다는 강박관념을 가질 필요는 없다.

책 속의 필요한 내용은 자연스럽게 그 사람의 피와 살이 된다. 읽은 내용을 잊어도 읽으면서 얻은 것들이 자기 안에 다른 형태로 남아 자신을 완성한다.

고기를 먹으면 몸에 고기가 그대로 남아 있지 않다. 그러나 먹은 고기가 분해되어 사라져도 고기에 함유된 아미노산 등의 영양분이 자기 몸 어딘가에서 열심히 제 역할을 한다.

고기를 먹은 사실을 잊어도 자신이 먹은 고기의 영양분으로 몸이 만들어지므로 고기를 먹은 의미가 제대로 남아 있다.

이와 마찬가지로 도움이 되지 않는 독서는 없다. 책을 읽은 당시에는 구체적으로 도움이 되지 않을지 모르지만, 장래 어디에선가 불쑥 얼굴을 내밀어 인생에 의미를 가져다준다.

세상에는 언뜻 쓸데없어 보이지만 실제로는 도움이 되는 일이 많다. 인생은 '가치 있는 헛된 노력'으로 이루어진다.

읽고 바로 잊어버린 책도 그것을 읽은 경험만큼은 형태를 바꾸어 틀림없이 자기 안에 쌓이고, 어느 순간에는 자기 인생에 의미를 가져다준다. 헛된 독서는 없다.

인생은 살아가는 과정 그 자체에 가치가 있다. 죽음이라는 결과를 향해 가는 과정에서 자신이 얼마나 성장할수 있고 얼마나 행복감을 느끼는지, 그 총량이 진정 인생의 행복이 아닐까.

책을 읽은 뒤 결과물을 만들어내 효과적으로 활용하는일도 중요하지만, 사실은 결과물보다 읽는 행위와 과정자체에 훨씬 큰 가치가 있다. 이 사실을 깨달으면 독서가좀 더 즐거워질 것이다.

책을 읽으면 인생은 반드시 달라진다.

　내가 가끔 강연에서 맨 마지막으로 소개하는 책이 있
다. 미국의 예술가이자 작가인 케빈 W. 켈리가 펴낸 사진
집《우리의 고향 지구The Home Planet》다. 사진집을 넘기면,
우주에서 바라본 지구의 모습을 담은 사진들이 압도적인
아름다움을 드러내며 눈앞에 펼쳐진다. 실로 가슴 떨릴
만큼 장대한 광경이다.

지금으로부터 약 45년 전 아버지를 따라 독일에 가면서 난생처음 비행기를 탄 나는 창밖으로 아래를 내려다보고 깜짝 놀랐다. 하늘에서 바라본 유럽이 내가 상상했던 모습과 너무 달랐기 때문이다. 아무리 내려다봐도 국경선이 보이지 않았다.

　당시 중학생이던 나는 경악했다. 초등학생 때 사회과 수업에서는 백지도에 색을 칠해 국가를 구분했고, 지도와 지구의에 실린 국가도 모두 색깔로 구분되어 있었다.

　그런데 실제로 내가 본 유럽은 달랐다. 물론 지금 생각하면 바다 위에 선 따위 그어져 있을 리 없고, 육지에도 숲과 밭이 펼쳐져 있을 뿐 국경선이 보이지 않는 것이 당연하다. 무엇보다 나라별 색깔 구분도 없다. 그러나 그때 나는 '아, 그렇구나. 국경은 인간이 만든 것이구나' 하고 신선한 충격을 받았다.

　모든 나라의 국경선은 변한다. 나라와 민족, 종교 등은 정말 아무런 관련이 없다. 당시 나는 어렸지만, 결국 한 사람 한 사람 자기 나름대로 살아가고 있다고 피부로 느껐다. 그리고 국경은 별로 중요하지 않다는 사실도 깨달았다.

원래 국가란 항상 그 자리에 있는 변하지 않는 존재가 아니라, 그곳에서 생활하는 인간의 생각과 행위에 의해 인위적으로 만들어지는 것이다. 그러므로 국경과 민족을 둘러싸고 벌어지는 잔혹한 일들을 바로잡을 힘도 인간에게 있다.

국경에 벽을 세우고 특정 국가 국민의 입국을 거부하는 것도 인간이고, 다양성을 중시하며 박해와 테러, 전쟁에서 도망쳐 온 이들을 환영하는 것도 인간이다.

소설《베네치아에서의 죽음》등의 작품을 남긴 독일의 노벨문학상 수상 작가 토마스 만은 말했다. "교양은 인간이 전쟁을 해서는 안 된다고 믿는 것이다. 자국만 생각하지 말고, 타국도 깊이 이해하는 것이다." 이것은 일본 헌법과 일맥상통하는 사고방식이다.

다시 돌아와, 나는 사진집을 넘기다가 문득 밑줄이 그어진 곳에 눈길이 멈췄다. "우리는 하나의 세계다"라는 한

우주 비행사의 말이었다. 거기에 몇 년 전 내가 깊이 감명 받았던 흔적이 남아 있었다. 그 후로도 나는 셀 수 없을 만큼 자주 이 페이지를 다시 펼쳐보며 매번 새롭게 감정의 동요를 경험하고 있다. 오늘도 나는 형광펜으로 밑줄을 긋는다.

국경선 따위 없는 하나의 눈부신 지구. 사진집을 볼 때마다 늘 다양한 감정을 느낀다.

마지막까지 읽어주신 독자 여러분에게 진심으로 감사드린다.

만약 단 한 문장이라도 독자 여러분의 마음에 작은 울림을 줄 수 있었다면, 저자로서 그보다 더 큰 기쁨은 없을 것이다.

꿈을 이루는 독서법

1판 1쇄 인쇄 2018년 2월 5일
1판 1쇄 발행 2018년 2월 12일

지은이 이토 마코토
옮긴이 김한결
펴낸이 김성구

책임편집 김민기
단행본부 박혜란 김동규
저작권 이은정
디자인 홍석훈 문인순
제 작 신태섭
마케팅 최윤호 송영호 유지혜
관 리 노신영

펴낸곳 (주)샘터사
등 록 2001년 10월 15일 제1-2923호
주 소 서울시 종로구 창경궁로35길 26 2층 (03076)
전 화 02-763-8965(단행본부) 02-763-8966(마케팅부)
팩 스 02-3672-1873 **이메일** book@isamtoh.com **홈페이지** www.isamtoh.com

한국어 판권 ⓒ (주)샘터사, 2017, Printed in Korea.

ISBN 978-89-464-2081-6 03020

이 도서의 국립중앙도서관 출판시도서목록(CIP)은 e-CIP 홈페이지
(http://www.nl.go.kr/cip.php)에서 이용하실 수 있습니다. (CIP제어번호: CIP2018001665)

값은 뒤표지에 있습니다.
잘못 만들어진 책은 구입처에서 교환해드립니다.